월명동 고양이

월명동 고양이

초판 1쇄 인쇄 2024년 12월 06일
초판 1쇄 발행 2024년 12월 24일

신고번호 제313-2010-376호
등록번호 105-91-58839

지은이 김용선

발행처 보민출판사
발행인 김국환
기획 김선희
편집 조예슬
디자인 김민정

주소 경기도 파주시 해올로 11, 우미린더퍼스트@ 상가 2동 109호
전화 070-8615-7449
사이트 www.bominbook.com

ISBN 979-11-6957-256-9   03810

• 가격은 뒤표지에 있으며, 파본은 구입하신 서점에서 교환해드립니다.
• 이 책은 저작권법에 의하여 보호를 받는 저작물이므로 무단 전재와 복사를 금합니다.

고양이와 함께 살아가는 아름다운 마을

월명동 고양이

김용선 에세이

평소엔 차갑고 낯설지만 한 걸음씩 다가가면
서서히 마음을 여는 밀당의 고수…

추천사

　이 책은 군산 월명동이라는 마을과 그곳에 사는 길고양이들을 작가만의 담백하고 독특한 시선으로 바라보며 작가의 삶의 방향과 철학을 곳곳에 담아낸 작품이다. 작가는 월명동에 사는 길고양이들의 일상을 세밀하게 관찰하며, 그들의 자유롭고 평화로운 모습 속에서 인간의 삶과 자연의 조화로운 관계를 탐구한다. 또한 군산의 역사적 배경과 길고양이들의 일상을 엮어내어 길고양이들이 살아가는 공간을 단순한 일상적 장소가 아닌 깊은 철학적 사유의 장으로 만들어낸다.

　제1부 '달과 고양이'는 길고양이들의 일상적인 모습을 통해 단순함에 담긴 기쁨과 자연스러움을 탐구한다. '가장 단순한 행복'에서 고양이들은 인간이 쉽게 잊고 지내는 소박한 기쁨을 상징하며, '고양이가 끄는 마차'와 같은 장면은 신화적 상상력과 어우러지면서 우리에게 삶의 신비를 다시금 일깨운다. 작가는 월명동의 달빛 아래 펼쳐지는 길고양이들의 자유로운 삶을 통해 인간과 자연이 교감하는 순간을 서정적으로 묘사한다.

제2부 '시간 여행자의 거리'에서는 길고양이들이 시간과 공간을 초월한 존재처럼 다가온다. 월명동의 역사적 배경이 중요하게 다뤄지면서도, '히로쓰 가옥'과 같은 장소에서는 인간의 역사가 어떻게 현재와 연결되어 있는지에 대한 깊은 성찰이 드러난다. 길고양이들의 시선은 그 공간에서 살아온 사람들과 이야기를 연결하며, '두 번 맞는 크리스마스'에서는 군산을 배경으로 한 걸작 영화 '8월의 크리스마스'를 추억하며 시간이 지나도 잊히지 않는 소박한 행복을 선물한다.

제3부 '사색의 여로'는 철학적 탐구가 본격적으로 펼쳐지는 부분이다. '있음과 없음'은 존재의 무의미를 이야기하고, '오르지 못하는 벽'에서는 인간이 마주하는 한계를 어떻게 바라볼 것인지에 대해 고민하게 만든다. 여기서 작가의 모든 에피소드를 연결하는 길고양이들은 삶의 여러 얼굴을 반영하는 존재들로 그려진다. 이들이 보여주는 자유와 유연함 속에서 우리는 자신이 놓인 자리와 삶의 방향성을 다시 생각하게 된다. 작가는 문학적 표현을 통해 길고양이들의 행동 하나하나에 철학적 깊이를 부여하며, 일상 속에서 발견하는 행복과 의미를 진지하게 풀어내고 있다.

이 책은 에세이 이상의 가치를 지닌 작품이다. 총 3부에 걸친 에피소드들은 다양한 이야기를 통해 작가의 철학을 전달하고 있다. 고양이라는 작가의 페르소나를 등장시켜 신화, 역사, 철학, 문학을 넘나들며 다양한 삶의 모습을 깊이 있게 탐구하는 작품이다. 그 이면에는 신화적 상상력, 역사적 고찰, 철학적 사유 그리고 작가의 깊은 문학적 서정이 결합되어 있다. 또한 다양한 삶의 이야기를 자유롭게 넘나들며, 독자들에게 삶의 복잡성과 다면성을 깊이 있게 성찰하게 만든다. 결국 이 책은 단순한 일상 에세이가 아닌, 다층적인 삶의 이야기로 독자들에게 감동을 주며, 그 속에서 행복을 찾는 다양한 방식들을 제시하고 있다.

2024년 11월
편집위원 **김선희**

프롤로그

똑같은 노래도 누가 부르냐에 따라 느낌이 다르다. '행복의 나라로' 노래를 원작자인 한대수가 부르는 것과 요즘 젊은 가수가 부르는 것은 정서의 차이가 드러난다. '행복의 나라로'를 1970년대 자유와 인권이 억압받던 암울한 시대를 생각하며 듣는 것과 현재 시점에서 들으면 가사의 의미가 다르게 느껴진다. 리듬만 생각하고 들으면 넓은 자연의 품속에서 새들의 노래를 들으며 밝고 경쾌하게 뛰노는 행복의 이미지가 떠오른다. 상황에 따라 저마다 꿈꾸는 행복이 다르기 때문이다.

행복은 나의 행복이 있고, 너의 행복이 있으며, 나의 행복을 누구에게 강요할 수 없다. 사람이 추구하는 행복이 있고, 식물이 느끼는 행복이 다르고, 동물의 행복이 다르다. 또한 멀리 있는 것도 있고, 바로 가까이 있는데 발견 못하는 경우도 있다. 부피가 큰 것도 있고, 사소한 것에서 오는 것도 있다. 쓸모가 없어서 버렸는데 다른 곳에서 크게 쓰임 받는 것이 있고, 잃어버렸다가 다시 찾은 것도 있다. 한 가지 공통적인 점은 각자 어디선가 행복을 찾는다는 것이다.

군산으로 이사 올 때 나와 월명동과의 관계는 우연히 들른 부동산 중개업소로부터 시작되었다. 군산 지리를 잘 모르는 나는 생활정보지를 보고 살 집을 찾게 되었고, 급한 나머지 바로 계약하고 입주하였는데 나중에 알고 보니 놀라운 곳이었다.

월명동 일대는 과거 일제 강점기 때 주로 일본인들이 거주하는 원도심이었고, 현재는 '근대역사문화거리'라는 테마를 중심으로 관광지가 된 곳이다. 도처에 그 어두운 역사의 흔적이 산재해 있고, 일본식 건물이 많아 독특한 운치가 있는 곳이다. 주말과 공휴일이면 소문난 맛집과 영화촬영지 등 명소를 찾아 몰려다니는 관광객으로 북적이고, 계절별로 다양한 축제가 열린다. 더구나 바로 옆에는 월명산을 끼고 선선한 바람을 맞으며 산책할 수 있어 그야말로 살기에 최적화된 동네다. 군산은 내륙 지방과 달리 산과 바다가 함께 있어 더욱 좋다. 월명동에서 다리 하나만 넘으면 충남 서천으로 이어지고, 계속해서 서해를 끼고 여정을 이어갈 수 있다.

월명동이란 달이 밝은 마을, 달빛마을이다. 달빛 아래엔 사람들만 사는 게 아니라 고양이들이 노닌다. 골목 상가마다 길고양이들을 위해 밥그릇이 준비돼 있고, 몇몇 가게엔 길고양이를 위한 임시 거처가 마련돼 있어 고양이들은 마치 자기 집처럼 드나들고 있다. 또한 여기저기에 고양이들만이 모이는 아지트도 있다. 일부 고양이는 사람처럼 이름이 있고, 다소 사연을 지닌 채 살아간다.

고양이를 배척하지 않고 사랑하며 함께 살아가는 월명동은 내게 보물처럼 다가왔다. 난 골목골목을 다니며 떨어져 있는 매력을 하나 하나 카메라에 담기 시작했다. 쉽게 눈에 띄는 것도 있고, 주의를 기울여 눈여겨봐야 발견하는 경우도 있다. 갑자기 불쑥 나타나 놀라게 하는 녀석, 하지만 다가오진 않고 자동차 밑에 숨었다가 슬그머니 가버리는 녀석이 있는가 하면 거리의 의자에 앉아 있으면 살며시 다가와 머리를 비벼대며 애교를 부리는 녀석도 있다. 골목을 걷다가 딱 마주친 여신 고양이는 내 가슴을 뛰게 했고, 고양이 가족이 한데 모여 단란히 살고 있는 모습은 보는 나를 흐뭇하게 했다.

월명동은 지친 여행자들을 위해 거리엔 언제라도 쉴 수 있는 의자가 놓여 있고, 가게 주인들은 한결같이 친절하고 따뜻하게 대한다. 호떡을 곁들여 저렴한 가격으로 가성비 최고의 커피를 파는 젊은 사장님의 밝은 미소가 있고, 통 크게 고양이 다섯 마리를 돌보는 카페 사장님도 있다. 지난 가을 상가 주인들이 십시일반 돈을 모아 동네 주민들을 위해 먹을 것을 준비하고 길 가는 사람 아무나 따뜻하게 대접하는 잔치는 지금껏 처음 본다. 계절에 어울리는 초대 가수의 감각 있는 노래와 숯불에 까맣게 익은 고구마의 달콤한 맛은 잊을 수 없다. 잔치를 마련한 상가 주인들의 단합된 마음과 친절함은 따뜻함을 넘어 감동에 이른다.

백 년을 이어온 몇몇 가게와 늦게까지 불을 밝히고 있는 동네 책방은 월명동을 지키는 파수꾼이자 소중한 것을 끝까지 지키려는 '마이 웨이' 중 하나다. 그렇게 나의 행복은 집에서 멀지 않은 1킬로미터 내 반경에 있다. 사소하고 하찮은 것에서부터 붉게 물든 저녁노을까지 나의 관심과 애정에 따라 묻어 나온다. 번듯한 가구와 전자기기만 가득한 널따란 집은 아무런 감흥이 없지만 작고 초라한 집에 놓인 예쁜 화분 하나는 모든 걸 바꿔 놓는다.

나는 반들반들한 흰 대리석보다 길가에 뒹구는 작은 돌멩이와 중심에서 크게 외치는 사람보다 주변에서 겉도는 이방인에, 실내 가습기에서 뿜어져 나오는 수증기보다 밖에서 내리는 눈송이에 더 눈이 간다. 하늘에 신이 있다면 신은 화려한 모습이 아니라 가장 곤궁한 모습으로 또는 절뚝거리며 다가올 것이다.

"고양이와 함께 행복하게 살아가는 동네
월명동으로 오세요."

2024년 가을 끝자락
월명동에서 **김용선**

목차

추천사 • 4
프롤로그 • 7

제1부. 달과 고양이

고양이 마을 • 15
가장 단순한 행복 • 21
달빛마을 • 26
가만히 옆에 있어 주는 것 • 33
고양이가 끄는 마차 • 36
월명공원 아지트 • 42
개미허리 • 50
고양이와 갈매기 • 55
꽈리 • 65
기다림 • 68
고양이의 꿈 猫夢 • 73
하얀 고양이 '라떼' • 79

제2부. 시간 여행자의 거리

어둠이 지나간 자리 • 87
험한 세상의 의자가 되어 • 93
두근두근 • 97

걷는 사람들 • 105

소설여행 • 110

이방인의 잠자리 • 114

각자의 사연 • 121

두 번 맞는 크리스마스 • 125

마리서사(茉莉書肆) • 132

잠언(箴言) • 138

아무도 날 찾지 않는… • 143

내 마음의 보물상자 • 147

빛이 하는 일 • 152

히로쓰 가옥 • 158

차문불문 • 163

말랭이 마을 • 171

제3부. 사색의 여로

겨울의 기원 • 183

문 밖에서 • 188

있음과 없음 • 194

박스 인간 • 198

오르지 못하는 벽 • 202

그림자와 실체 • 210

거품의 세계 • 214

절뚝거리며 오는 신 • 224

흐르지 않는 시간 • 229

두 세계 • 235

만남은 있되 헤어짐은 없다 • 241

제1부
달과 고양이

난 월명동에 살며 서서히 고양이에 매료되었고,
그들의 삶에 호기심이 발동하여 본의 아니게 스토커가 되었다.

고양이 마을

　군산 월명동(月明洞)으로 이사 온 지 3년이 돼간다. 첨엔 평범한 동네이겠지 했는데 시간이 갈수록 정이 새록새록 묻어나오고 독특한 분위기가 감도는 곳이다. 주말이나 공휴일 낮이면 관광 온 사람들로 북적이다가 밤이 되면 다시 평범한 동네의 흔한 일상으로 돌아가는 곳, 완벽한 상가도 아니고 그렇다고 주택지도 아닌, 상가와 주택과 고양이가 얽혀 사는 곳이 월명동이다.

　월명동 바로 옆엔 신흥동이 있고, 바다가 보이는 내항 쪽으로 가면 영화동이 있으며, 그곳에는 근대역사문화거리가 있다. 이 일대는 과거 일제 강점기에 일본인들이 대거 거주하던 곳으로 비옥한 호남평야의 곡식과 우리의 각종 물자가 집화되어 일본으로 건너가는 수탈의 현장이었다.

　과거 원도심이었던 월명동 일대는 일제시대의 건물이 여기저기 남아 있고, 일본식 사찰로 유명한 동국사가 있으며, 새로 문을 여는 상가들도 일본식으로 지어지고 있어 뭔가 빈티지하고 이색적인 분위기를 자아낸다. 또한 군산에 여행 오면 누구나 한 번씩 들른다는 빵집 '이성당'이 있고, 시민들의 휴식처인 월명공원이 가까이 있으며, 계절마다 다양한 축제가 열리고 있으니 과히 심심치 않은 동네다.

월명동이 또 특별한 건 도심인데도 눈에 띄게 고양이가 많다는 점이다. 특히 집에서 기르는 고양이보다 길고양이들이 많고, 상가의 주인들이 먹이와 잠자리를 제공하고 있어 길고양이들이 평안하게 잘 살고 있다. 고양이 그림이 그려진 골목의 벽과 여기저기 가게 앞에서 편하게 낮잠을 자고 있는 고양이들은 동네 분위기를 독특하고 매력 있게 보이게 한다. 또한 지나가다 고양이를 발견하는 관광객들은 연신 카메라를 들이대고 즐거워한다.

대만의 허후통 고양이 마을이나 일본 도쿄 야나카긴자 고양이 마을처럼 고양이를 테마로 다양한 이벤트와 소품을 볼 수 있는 건 아니지만 월명동은 나름대로 고양이 마을다운 분위기를 지니고 있다. 어디서나 어슬렁거리며 다니는 고양이를 볼 수 있으며, 길고양이들의 아지트가 있고, 게스트하우스나 상가마다 마치 제집처럼 드나들며 사는 녀석들이 보인다.

난 월명동에 살며 서서히 고양이에 매료되었고, 그들의 삶에 호기심이 발동하여 본의 아니게 스토커가 되었다. 거리에서 우연히 나와 마주친 고양이는 급히 꺼낸 카메라의 모델이 되곤 한다.

고양이가 그려진 벽화

길고양이들은 자유롭게 거리를 활보하는 것 같아도 각자 영역이 있다. 좁은 골목, 공터, 언덕, 빈집, 지붕 등 여기저기 가족이나 친분관계로 무리를 지어 살고, 거친 표면에 발톱을 갈거나 오줌을 누어 영역을 표시한다. 특별한 경우 아니고는 남의 영역을 침입하지 않고 평화를 유지한다.

난 길에서 만나는 고양이들을 기억하고 구분하기 위해 이름을 지어봤다. 고양이는 원래 이름이 없다. 그저 냄새나 형태로 느끼고 행동하면 되니까 그럴 필요가 없다. 이름을 붙인다는 건 내게 어떤 의미가 된다는 뜻이다.

> 내가 그의 이름을 불러주기 전에는
> 그는 다만 하나의 몸짓에 지나지 않았다
> 내가 그의 이름을 불러주었을 때
> 그는 나에게로 와 꽃이 되었다

김춘수의 詩처럼 월명동 고양이는 내가 이름을 붙임으로써 하나의 의미가 되었다. 말은 안 통해도 만나면 반가운 친구이자 짝사랑의 대상이 되었다. 내 핸드폰 노트에 저장이 되었고, 가끔 안부가 궁금해지는 지인이 되었으며, 한동안 보이지 않으면 염려가 되었다.

오랜 옛날엔 인간과 동물이 서로 말을 섞을 때가 있었다고 한다. 그래서 한민족은 곰의 자손이다. 신화 속 인간과 동물은 서로 동등한 관계로 친구나 부부가 되었으나 자연을 정복하려는 인간의 욕심으로 인해 대등관계가 깨지면서 서로의 말을 알아들을 수 없게 되었다. 말이 통하지 않게 되면서 동물들은 얼마나 큰 피해를 입게 되었는가. 개체수는 줄어들고 멸종위기는 늘어났다.

일본의 유명한 작가 무라카미 하루키 소설 「해변의 카프카」에는 고양이와 말을 하는 노인 '나카타'가 나온다. 나카타는 초등학교를 졸업하고 외가 할머니 집에서 자랐다. 거기엔 고양이들이 많이 있어서 고양이들과 친한 친구가 되었고, 어느 날 고양이와 말문이 터졌다. 그는 친구도 애인도 없으며, 마음 터놓고 얘기할 상대는 고양이뿐이었다.

60대 초반의 나카타는 1944년 전쟁 중의 9살 때 같은 반 학생들과 같이 산에 버섯을 따러 갔다가 원인 모르게 쓰러져 정신을 잃은 후 기억을 상실하고 지적 장애를 갖게 됐다. 그 후 글을 읽지 못하고 초등학교만 졸업하고 목수 일만 하다가 시청에서 주는 장애인 연금으로 생활을 한다. 하지만 고양이와 대화가 가능해진 뒤로 잃어버린 고양이를 찾아주는 일을 하면서 용돈을 번다.

그동안 거리에서 마주친 고양이들은 나에게 많은 메시지를 보냈는지도 모른다. 내가 못 알아들었을 뿐… 나도 나타카처럼 고양이와 말문이 트일 수 있을까? 어떻게 하면 고양이와 말을 할 수 있을까? 고양이는 몸뚱이만 걸어오는 것이 아니다. 내가 모르는 많은 비밀을 물고 살금살금 다가와 나의 관심에 보답한다.

월명동은 고양이 마을이다. 단지 고양이 수가 많아서가 아니라 고양이에 대한 관심과 사랑이 크기 때문이다. 어떤 존재의 가치는 옆에 가까이 있는데 발견하지 못할 뿐이다. 사소한 것도 눈여겨보면 어떤 의미가 숨어 있고, 작은 것이 쌓여 아름다움이 보석처럼 빛이 난다. 멀리 가지 않아도 크지 않아도 볼 수 있다. 눈이 하는 일은 그런 일이다. 월명동은 내게 그런 곳이다.

가장 단순한 행복

"고양이는 아홉 개의 삶을 산다. 세 개의 삶은 놀이를 하며 지내고, 세 개의 삶은 방황하며 지내며, 나머지 세 개의 삶은 한곳에 머물며 지낸다"라는 영국 속담이 있다.

동물은 자기 몸뚱이 이외는 가진 게 없다. 그러면서도 잘 살아간다. 낚시를 즐겨하는 사람들은 한결같이 낚시를 하고 있으면 머리가 맑아진다고 한다. 그건 찌만 바라보며 생각이 단순해지기 때문이다.

월명동 거리의 고양이들은 자기들만의 아지트가 몇 군데 있다. 그 중 하나가 달빛마을 표지판이 있는 건물들 사이의 빈 공터로, 부드러운 잔디가 깔려 있고, 햇빛이 잘 들어 고양이들이 즐겨 찾는 곳이다.

건물들 사이 빈 공터는 고양이들의 아지트이다.

　고양이는 누가 보는지 아랑곳하지 않고 평평한 바위를 침대 삼아 이리저리 뒹굴며 한가한 틈을 즐긴다. 인간은 하루 3분의 1을 잠을 자지만 고양이는 하루의 절반을 잠을 잔다. 일어나 먹고 쉬고 자기 몸을 연신 핥거나 비벼대고, 또 잠을 자고… 고양이의 하루는 단순한 일상의 반복이다.
　어디 고양이뿐이랴. 도시 하천을 따라 길을 걸으면 가끔 흐르는 물속에 발을 담그고 있는 왜가리나 백로가 눈에 띈다. 그들의 일상은 하루 종일 물속만 바라보고 먹이를 찾는 일이 전부인 것처럼 보인다. 그 얼마나 단순한 삶인가. 때 되면 통과해야 할 시험도 없고, 직장에 출근할 일도 없으며, 승진이나 명예를 얻기 위한 경쟁도 없다.

바위 침대에 누워 뒹굴뒹굴

우리 인간은 문명의 발전으로 편리하고 다양한 혜택을 누리고 있지만 반대급부로 복잡한 일과 업무에 따른 스트레스와 고통이 뒤따른다. 과연 단순하게 사는 동물과 비교해 행복감이 더 높은지는 확신할 수 없다. 따라서 고속으로 달리는 문명이라는 이름의 열차를 스톱하고 도중에 내려 도시를 떠나 자연으로 들어가 사는 사람이 늘고 있다. TV에서 방영되는 프로그램 '나는 자연인이다'는 중장년층 남성들의 로망이 된 지 오래다.

단순한 삶의 추구는 2010년 무렵 서구에서 시작된 미니멀 라이프(Minimal life) 운동과 관련이 있다. 이를 주도한 사람은 웹사이트 '미니멀리스트 닷컴(TheMinimalists.com)'을 운영하는 조슈아 필즈 밀번(Joshua Fields Millburn)과 라이언 니커디머스(Ryan Nicodemus)이다.

'미니멀 라이프'란 불필요한 물건을 버리고 최소한으로 살아가는 생활방식을 말한다. 사람들은 좋은 직장과 고급 자동차, 좋은 집이 있으나 행복을 느끼지 못하고, 과도하게 일에 매달리고, 물건을 사는 것으로 공허감을 채우려고 하나 만족이 없는 경우가 많다.

비슷한 시기에 일본에서도 미니멀 라이프와 유사한 '단샤리(斷捨離)' 열풍이 시작되었다. 단샤리란 '끊고 버리고 떠난다'는 뜻으로 창시자 야마시타 히데코(山下秀子)가 자신의 저서에서 처음 사용했다. 단샤리의 단(斷)은 불필요한 물건을 사지 않는 것, 샤(捨)는 집에 있으면서 사용하지 않는 물건을 버리는 것, 리(離)는 물건에 대한 집착에서 떠나는 것을 의미한다.

물건을 버리면 복잡한 머리가 단순해지며 오히려 풍요와 온화함이 깃든다. 나중에 언젠가 필요하겠지 생각하면 버리지 못한다. 실제 쓰이지 않고 존재만 하는 것들은 과감히 버려야 소유와 집착의 관성에서 벗어날 수 있다. 물건이 줄어들면 정리하거나 청소에 소모하던 시간을 줄일 수 있으니 그만큼 여유 시간이 생기고 홀가분해진다.

내가 대학 시절에 만난 교수님들 중에는 연구실을 근사하게 꾸미고 학자다운 분위기와 권위를 내세우는 분이 있는 반면 달랑 책상 하나에 옷걸이 하나, 책은 그냥 바닥에 쌓아두고 마치 언제라도 떠날 준비를 하는 듯한 소탈한 교수님도 계셨다.

집착을 버려야 단순해질 수 있다. 어느 누구도 끝까지 나와 동행하는 자는 없다. 우리 본연의 고향인 '혼자의 세계'로 가볍게 떠날 수 있게 우리는 항상 떠날 준비를 하고 살아야 한다.

미국의 유명한 시인이자 소설가인 찰스 부코스키(Henry Charles Bukowski)는 '다음 생에는 고양이가 되고 싶다. 하루에 20시간을 자고 먹이를 기다리고 싶다. 눌러앉아 빈둥거리며 내 엉덩이나 핥고 싶다.'라는 의미 있는 말을 남겼다.

달빛마을

　월명동에는 또 하나의 마을이 있다. 히로쓰 가옥에서 내항 쪽으로 조금 걸어가면 고양이들의 쉼터 옆에 '달빛마을'이라는 표지판이 있다. 달빛마을이란 월명동의 다른 이름으로 표지판이 세워진 그 주변 일대를 뜻한다. 표지판 바로 옆에는 아름다운 골목이 하나 숨어 있는데 달이 뜨는 밤엔 '월하정인(月下情人)'이 사람들의 눈을 피해 몰래 정담을 나누고 있을 듯한 분위기다.

아름다운 골목이 숨어 있는 달빛마을

월하정인을 그린 혜원 신윤복은 조선 후기를 대표하는 풍속 화가로 김홍도와 쌍벽을 이룬다. 김홍도가 서민의 생활상을 담백하면서 소탈하게 그렸다면 신윤복은 도회지 양반과 기녀의 풍류와 생활 모습을 화려하고 섬세한 필치로 그림 속에 남겼다. 김홍도가 유교적인 색채에 거슬리지 않은 무난한 그림을 그렸다면 신윤복은 양반을 풍자하고, 남녀상열지사를 과감히 그렸던 좀 삐딱한 화가였다.

시대의 흐름에 순응한 김홍도는 스무 살이 되기 전에 도화서의 궁중 화가가 되었고, 임금의 초상화와 국가의 중요 행사의 그림을 도맡아 하며 오래도록 임금의 총애를 받은 반면에 신윤복은 도화서 화원은 되었으나 당시 사대부의 비위에 거슬리는 그림을 그려 도화서에서 쫓겨나 야인으로 살다간 화가다.

혜원은 조상 대대로 화원을 배출한 집안에서 태어났고, 아버지도 도화서 화원이었기에 그 역시 어려서부터 그림 실력을 연마하여 도화서 화원이 되었다. 다만 여느 화원들과는 다르게 주로 '19금(禁)'에 해당하는 그림을 즐겨 그렸고, 이런 그림들이 도덕적 논란이 되어 정조 때에 사헌부 관리들의 탄핵을 받아 유배당한다. 요즘 말로 하면 신윤복은 블랙리스트 예술가였다. 그는 도화원에 있을 때 남긴 그림보다, 도화서에서 나와 자유롭게 그린 말년의 작품들이 많이 알려져 있다.

신윤복의 월하정인은 달빛 아래 골목 담 모퉁이에서 밀회하는 연인의 모습을 표현한 그림이다. 야심한 밤 인적 없는 골목의 담벼락 아래에서 한 선비가 한 손에 호롱불을 들고 쓰개치마를 쓴 여인을 지긋이 바라보고 있고, 여인은 쓰개치마를 머리끝까지 올려서 쓰고 선비의 눈을 똑바로 보지 못하고 얼굴을 숙이고 있다. 둘은 무슨 일로 야심한 밤에 몰래 만나 사랑을 나누는 걸까. 그림의 제목을 보면 '달빛이 침침한 한밤중에, 두 사람의 마음은 두 사람만이 안다'라고 하였으니 그 사연은 우리의 상상에 맡기고 있다.

월침침야삼경(月沈沈夜三更),
양인심사양인지(兩人心事兩人知)

달빛마을 골목 초입에는 어김없이 길고양이들을 위한 밥그릇이 놓여 있고, 더 들어가면 카페 겸 서점인 '심리서적 쓰담'이 보인다. 운치 있는 목조건물 안에는 주로 심리서적과 에세이가 진열돼 있고, 차와 음료, 기념품과 문구류 등을 판매하고 있다.

신윤복의 월하정인

카페 앞을 지나가면 가끔 꼬리가 뭉특하고 나이 지긋한 고양이가 자리 잡고 있다. 세상 풍파를 다 겪고 이젠 달관한 듯한 평온한 자태가 눈길을 끈다. 고양이의 매력은 흔들리지 않는 고요함이다.

카페 앞의 뭉특이

심리서적을 지나 골목 끝에 이르면 고양이를 그려 놓은 담벼락이 보인다. 고양이가 달에 있는 다른 고양이를 보고 있는 벽화는 누가 그렸는지 알 수 없지만 달과 고양이는 오묘한 조화를 이룬다.

달과 고양이

예로부터 고양이는 달을 상징했다. 고대 이집트인들은 고양이의 눈동자가 달이 차고 기울어짐에 따라 커졌다가 가늘어진다고 믿고 고양이를 달과 관련된 상징으로 인식했다. 당시 이집트에선 매나 독수리는 최고신 태양신을 상징하고 사자나 자칼 같은 고양잇과 동물은 태양에 대비되는 달을 상징하며 주로 음적인 대상 즉, 여성, 밤, 저승 등을 나타내는 신으로 표현되었다.

고양이에 대한 음적인 상징은 서양의 중세 기독교 사회에서 죽음과 저승을 상징하는 어둠의 동물 또는 달과 관련한 마법을 행한다는 마녀의 동물로 알려져 박해의 대상이 되었다. 우리도 한때 고양이를 불길한 동물로 인식하여 배척하였으나 지금은 어엿한 인간의 다정한 친구로서 함께 살아가고 있다.

월명동에 달이 뜨면 고양이들의 시간이 시작된다. 사뿐히 내딛는 소리 없는 발자국과 보름달 같은 눈동자, 날카로운 아기 울음소리와 함께 달빛마을은 신비로운 서정(抒情)으로 깊어 간다.

가만히 옆에 있어 주는 것

아무 말 없이 가만히 옆에 있어 주는 것, 쉬운 것 같아도 쉽지 않다. 고양이는 개와 달리 쓰다듬고 이뻐해주는 것보단 자신에게 관심을 끄고 그냥 옆에 가만히 있어 주는 사람을 사랑한다는 사실을 아는 이는 많지 않다. 처음 보는 사람이라면 몰라도 사람들은 조금이라도 안면이 있는 사람이 옆에 있으면 둘 사이의 침묵을 견디지 못한다. 친구나 애인이라면 더욱 심하다. 같이 있으면 무슨 말이라도 해야 하고, 뭐라도 같이 먹든지, 서로 뭔가 행동을 주고받길 원한다. 하지만 그것 또한 욕심이라면 욕심이다.

오랜 시간 동안 혼자 있는 외로움을 경험해본 사람은 누구라도 좋으니 옆에 있어만 줘도 고맙다는 생각을 한다. 하지만 시간이 흐르고 같이 있게 되는 시간이 늘어나면 언제 그랬냐는 듯 원하는 것이 늘어난다. 왜 가만히 있냐며 투정을 부리고, 서운해하고, 삐지고, 그러다가 결국 이별을 맞게 되고 다시 혼자가 된다.

다정한 연인처럼

고양이는 조용히 다가와 옆에 앉는다. 머리와 몸을 내 몸에 비벼댄다. 내가 머리를 쓰다듬으면 갸르릉 소리를 낸다. 그러다 이내 일어나 다른 데로 가버린다. 언제 돌아올지 기약이 없다. 하지만 그러려니 하면 아무렇지 않다. 사람들이 대부분 사랑하는 상대에 대해 가장 하지 못하는 것은 침묵의 사랑이다. 아무런 바람이 없는 상태… 욕심을 버리는 곳에 행복이 있다.

"더 바라는 것이 없어. 숨소리만 들려줘."

고양이가 끄는 마차

산타클로스가 타고 다니는 썰매는 루돌프 사슴이 끌고 다닌다. 북유럽 신화 최고의 신 오딘은 다리가 여덟 개 달린 말 '슬라이드니프'를 타고 다닌다. 대부분 신들은 말이나 염소 등 튼튼한 동물을 타고 다니는데 말 대신 고양이가 끄는 마차를 타고 다니는 여신이 있다. 왜 하필 왜소한 고양이일까? 북유럽 신화에 나오는 여신 '프라야'는 고양이가 끄는 마차를 타고 다니며 매로 변신하는 마술을 부린다.

프라야는 아름다움과 사랑의 여신으로 바다의 신 노르트의 딸이고, 평화와 풍요의 신 프라이의 누이이다. 북유럽의 신은 아제 신들과 바네 신들이 서로 대치하는데 그들 사이에 벌어진 전쟁이 끝난 다음 바네 출신인 프라야는 아버지, 오빠와 함께 아제 신들에게로 넘어왔고, 그 뒤로 아제 신들의 거처인 아스가르드에서 살게 된다.

오딘 신의 아내는 결혼을 수호하는 프리크 여신이지만 프라야가 여신 중에서 가장 중요한 존재이다. 죽은 용사들인 아인헤리아르를 관리하고, 최후의 전쟁에 대비할 때는 오딘과 나란히 프라야 여신이 등장한다.

바네 신들은 오누이끼리 결혼하는 관습이 있어서 프라야 여신은 원래 오빠 프라이와 혼인하였으나 아스가르드로 온 뒤로 이 혼인은 무효가 되었다. 그래서 프라야의 남편이 정확하지 않다. 프라야는 아스가르드에서 신들에게 마법을 전수해준 여신이며, 그 자신이 마법과 황금의 여신이다.

프라야 여신. 바그너 오페라 '니벨룽겐의 반지'에 삽입된 Arthur Rackham의 삽화

프라야는 황금에 대한 열망을 상징한다. 프라야는 남편을 찾아 온 세상을 떠돌다가 난쟁이들이 사는 땅속 깊은 곳까지 가게 된다. 거기서 대장장이 난쟁이들이 온갖 보석으로 장신구를 만드는 것을 보고 목걸이를 만들어 달라고 요청한다. 그러자 4명의 난쟁이는 자기들과 번갈아 가며 하룻밤씩 보내준다면 세상에서 가장 아름다운 목걸이를 하나 만들어 주겠다고 한다.

프라야는 난쟁이들의 제안을 받아들이고, 이렇게 해서 황금 목걸이 '브리징가멘'이 만들어진다. 황금 목걸이를 얻기 위해 추한 몰골의 난쟁이들에게 몸을 허락하다니… 남자는 여자에 눈이 멀고, 여자는 황금에 눈이 먼다.

차갑고 아름다운 여자를 고양이에 비유하듯이 예로부터 여자는 고양이와 깊은 관련이 있으며 여성성을 상징했다. 고양이는 수천 년 동안 인간과 같이 살아왔으며, 그 역사는 시대와 문화에 따라 다양하게 변모했다.

지금으로부터 약 7백만 년 전에 인간과 고양이의 최초 조상이 나타났다. 그 후 약 3백만 년 전부터 인간의 조상은 크거나 작은 종으로 분화하기 시작했고, 고양이도 마찬가지 사자로부터 진화했다. 수렵 생활을 벗어나 농업이 시작되자 곡식을 저장하면서 쥐로부터 곡식을 지키기 위해 인간은 고양이를 필요로 했다. 따라서 인간과 고양이는 좋은 협력관계를 유지했다.

BC 2500년 전에 이집트인들은 사자 머리가 달린 '세크메트'라는 여신을 숭배했으나 사자들이 신전의 사제들을 해치자 세크메트의 여동생 격인 여신을 만들었다. 머리가 고양이처럼 생긴 이 여신의 이름은 '바스테트'다. 이집트인들은 고양이를 숭배하는 신전을 지었고, 매년 바스테트 여신을 위한 축제를 열었다.

이집트 여자들은 고양이 여신을 숭배하여 외모를 고양이처럼 치장하길 좋아했고, 고양이가 죽으면 장례도 치러줬다. 인간들은 애도의 표시로 눈썹을 깎거나 죽은 고양이 몸에 붕대를 감아 미이라를 만들기도 했다. 고양이를 괴롭히는 인간은 엄한 벌을 받았고, 고양이를 죽이면 사형에 처해졌다.

하지만 기원전 525년에 페르시아가 이집트를 침략했는데 이집트인들의 고양이 숭배를 간파한 페르시아 왕은 병사들에게 방패 앞에 살아있는 고양이를 매달고 싸우게 했다. 이집트 병사들은 신성한 고양이가 다칠까봐 제대로 싸워보지도 못하고 항복해 버렸다. 페르시아군은 바스테트 신전을 파괴했으며, 고양이들을 죽여 페르시아 신들에게 제물로 바쳤다. 이로써 이집트에 존재했던 바스테트 숭배는 역사 속으로 사라졌다.

이집트가 멸망하자 노예로 있다가 풀려난 히브리인들은 북동쪽으로 가서 유대 땅에 정착하여 도시를 세우고 항구를 통해 교역을 시작했다. 히브리인들은 많은 상선을 건조했는데 배에 실은 곡식을 쥐들로부터 보호하기 위해 출항하는 배에 고양이를 태웠다. 고양이들은 해상무역을 통해 유대 땅에서 전 세계로 퍼져나갔고, 기원전 1020년경엔 무역 상인들에 의해 인도에 전해졌다.

인도인들은 인간의 몸에 고양이 머리가 달린 '사티'라고 불리는 여신을 숭배하였다. 기원전 1000년경엔 처음으로 고양이가 중국에도 전해졌는데 중국에 간 상인들은 고양이를 비단과 향신료, 기름, 술, 차 등과 교환하였다. 당시 중국에서는 고양이를 평화와 안녕의 상징이자 행운의 부적으로 여기고, 고양이의 모습을 한 '이수'라는 여신을 창조했다.

그 후 고양이는 유럽 대륙의 북쪽으로 전파됐는데 기원전 900년경에 덴마크에 전해져 그로 인해 프라야 여신을 숭배하는 전통이 생겨났다. 프라야는 신성한 두 마리 고양이가 끈 수레를 타는 모습으로 그려졌으며 한 마리는 〈사랑〉, 다른 한 마리는 〈자애로움〉을 뜻하는 이름으로 불리었다.

스웨덴 화가 Nils Blommér가 그린 프라야 여신.
고양이가 끄는 수레를 타고 남편을 찾으러 다닌다.

세계 여러 지역에서 고양이는 인간들에게 사랑받아 왔지만 수난의 흑역사도 있다. 중세 및 근대 유럽에서 고양이는 마녀의 가족으로 간주되어 억울하게 화형당했다. 또한 1233년에는 로마 교황 고레고리오 9세가 검은 고양이를 사탄의 분신이라고 규정하자 사람들은 검은 고양이를 죽이기 시작했다.

1200년대에서 1300년대까지 수많은 고양이들이 학살당하자 오히려 쥐가 번성해 각 지역마다 위생이 나빠졌고, 그게 흑사병의 원인이 되었지만 이런 와중에도 쥐가 아닌 고양이가 흑사병의 원인으로 몰려 무자비하게 죽임을 당했다.

1648년에는 프랑스 국왕 루이 14세가 30년 전쟁 종전 기념으로 고양이 화형식을 열어 직접 고양이를 태워 죽였고, 1655년 영국 런던에서는 흑사병 발병이 고양이 탓이라고 하여 고양이 20만 마리 이상을 태워 죽였다. 영국 빅토리아 여왕 시대의 영국에서는 새끼 고양이들을 자루에 담아 돌을 넣고 강에 던져 버리는 일도 빈번했다.

고양이는 신성한 숭배와 악마화의 양극단을 오가며 살아남아 오늘날까지 인간 곁에 머물며 많은 사랑을 받고 있다. 전 세계적으로 아직도 반려견이 반려묘보다 많지만 고양이 비율이 점점 높아지는 건 세계적인 추세다. 우리나라에 비해 일본은 개보다 고양이를 더 많이 기른다. 이는 일본인들이 자립을 중시하고, 독립적인 성격을 가진 고양이에게 더 끌리는 것은 자신들의 성격과 잘 맞기 때문이라고 한다.

'개는 남자를 위한 동물이고, 고양이는 여자를 위한 동물이다.'라는 영국 속담이 있다. 고양이는 남자들이 잠들어 있는 동안 프라야를 태우고 황금의 세계로 달려간다.

월명공원 아지트

　별을 보려면 밤이 돼야 한다. 밤이 되면 칸트의 별이 뜬다. 독일의 철학자 칸트는 자신의 철학을 '내 머리 위의 별로 반짝이는 하늘과 내 마음속의 도덕률'이라고 비유했다. 자연의 물리적 법칙과 인간 이성의 자율성을 통합하려고 했던 그의 의지의 표현이다.

　칸트는 경험 대신 절대적이고 보편적인 원칙을 강조했고, 인간은 자신의 이익을 떠나 의무로서 행동할 때 그 행위가 도덕적이 된다고 하였다. 그가 볼 때 인간은 이성적 존재로서 인간의 의지는 자연 세계에서 독립된 윤리 세계를 만드는 중요한 힘이다. 그는 최고의 선은 윤리와 행복의 결합으로서 인간을 목적으로 대해야지 수단으로 취해서는 안 된다고 말했다. 그건 인간만이 아닌 동물도 마찬가지일 것이다.

　월명동엔 야행성인 고양이들이 무리를 지어 사는 아지트가 있다.

그중 하나가 월명공원이다. 월명공원의 처음 명칭은 각국공원이었고, 후에 군산공원으로 바뀌었다가, 1972년에 월명공원으로 부르게 되었다. 군산 시내 멀리서도 보이는 하얀 수시탑은 1966년 당시 군산 박동필 시장이 군산시의 발전을 위한 상징물로 세운 것으로, 이 수시탑 쪽으로 공원을 오르면 바다에서 불어오는 시원한 바람을 맞으며 넓게 펼쳐진 군산 앞바다가 한눈에 들어온다.

월명공원을 오르는 길 중의 하나로 동신아파트를 지나 가파른 언덕을 오르면 공원 초입에 넓은 공터가 보이는데 거기에 고양이들의 아지트가 있다. 바위나 평상에 앉아 햇볕을 쬐거나 보도블록에 모여서 무언의 대화를 나눈다. 또는 길바닥에 누워서 누가 오든 말든 태평하게 잠을 자는 녀석도 있다. 사람을 별로 경계하지 않는 건 특별히 고양이를 건드리거나 괴롭히는 사람이 없기 때문이다.

바닥에 누워 태평하게 자고 있는 달님이

노숙하는 고양이들에겐 마음의 도덕률은 없을지언정 별이 반짝이는 하늘이 있으니 콘크리트 벽에 갇혀 사는 사람들보다 더 자연스럽고 낭만적이다. 칸트가 철학 교수로 일하며 규칙적인 생활을 했던 건 규칙을 좋아해서가 아니라 빽빽한 하루 일과를 효율적으로 사용하기 위한 방편이었다. 칸트처럼 세밀하진 않지만 고양이 세계에도 어떤 규칙이 있다.

고양이는 대부분 혼자 다니지만 가끔 영역을 차지하고 무리를 지어 산다. 고양이는 눈가와 입가 등에서 냄새를 풍기는 물질이 나오는데 다니는 곳에 얼굴과 몸을 문지르며 냄새를 묻혀 영역을 표시한다.

고양이는 영역을 지키거나 발정기 때 암컷을 차지하기 위해 피 튀기는 싸움을 할 때도 있지만 대체로 좀처럼 싸우지 않고 방어적 태도를 보인다. 다른 고양이와 마주치면 귀를 내리뜨리고 털을 세우고 바짝 긴장하지만 잠시 서로 눈치를 보다가 부딪치지 않고 조심스럽게 피해 간다.

재밌는 건 고양이는 높은 곳에 있는 쪽이 낮은 쪽보다 더 강하다고 여긴다. 만일 두 마리의 고양이가 높이가 다른 위치에 있다면 위쪽에 있는 고양이가 더 강하다고 볼 수 있다. 고양이는 선호하는 장소가 있더라도 누가 먼저 와 있으면 기다리거나 포기하고 다른 곳으로 간다. 혹 개나 사람 등 낯선 대상을 만나면 조용히 지켜보다가 낯선 대상이 사라지면 움직이는 그야말로 평화주의자다.

바위에 앉아 주위를 관망하고 있는 '미소'
요조숙녀처럼 곱고 단정한 자태로 살짝 미소를 지으면
모든 사내가 까무러칠 것 같은 분위기다.

나른한 오후 고양이 아지트엔 잔잔한 평화가 흐른다. 먼 곳을 바라보며 홀로 생각에 잠겨 있거나 단잠에 빠져 있다. 모였다 흩어지기를 반복하며 사람과는 어느 정도 일정한 거리를 유지한다. 밤이 되면 별을 바라보는 칸트가 있고, 방랑하는 니체도 있다. 니체는 이렇게 말한다.

"사랑에 의해 행해지는 것은
언제나 선악을 초월한다."

마치 턱시도를 입은 신사같이 멋진 외모를 자랑하는 칸트

한 가족처럼 보이는 칸트와 니체

숲에서 불쑥 나타나는 뭉치, 작은 사자를 보는 것 같다.

한자리에 모여 있는 아지트 동료들

개미허리

독일의 시인 릴케는 인생을 꼭 이해해야 할 필요는 없고, 인생은 축제와 같으니 하루하루를 일어나는 그대로 살아가라는 내용의 시를 남겼다. 아침에 뜨는 눈은 반드시 일어나야겠다는 의지보다는 저절로 눈이 떠지는 경우가 많다. 우린 어떤 뚜렷한 목적보다는 그저 살아있으니까 살아가기도 한다.

얼마 전부터 난 아침잠이 없어진 후로 일어나면 동네를 한 바퀴 도는 게 버릇이 되었다. 고양이들의 일상에 관심이 생긴 뒤로 고양이가 있는 가게와 길고양이들이 모여 있는 아지트를 둘러보고 내 고양이 친구들이 밤에 어디서 자는지, 밤새 안녕한지 보는 건 소소한 기쁨이 되었다.

가을이 무르익어 가는 10월 초, 일요일 아침에도 선선한 바람을 맞으며 걷다가 처음 보는 고양이가 골목 맞은편에서 걸어오는 것을 발견했다. 그런데 점점 가까이 오자 난 심장이 멎는 듯했다. 이렇게 예쁜 고양이가 한동네에 있었다니… 그간 못 먹은 건지 아님 다이어트라도 한 건지 군살이 하나도 없는 몸매와 개미허리, 새침데기 같은 얼굴과 요염한 자태… 사람으로 치면 여신이었다.

그녀는 나를 보더니 더 이상 가까이 오지 않고 경계의 눈빛을 흘리며 옆 골목으로 들어가 버렸다. 꼬리 흔들며 걸어가는 뒷모습이 도도하고 차갑게 보였다. 항상 거리를 두고 밀당을 하는 건 여신의 기본… 난 그녀에게 '은비'라는 이름을 붙였다.

오늘날에도 고양이 얼굴과 개미허리는 미인의 기준이라 하고, 가는 허리를 개미허리에 비유한다. 그런데 개미허리는 왜 잘록할까…? 그 이유는 중국 민간에 나도는 재밌는 고사에 전해온다.

아득한 옛날 대홍수가 나서 인간과 동물이 모두 물에 빠져 죽었는데 한 청년은 소 껍질로 주머니를 만들어 그 속으로 피한 덕에 살아남았다. 유일하게 홀로 살아남은 청년은 무척 외로워졌다. 그래서 나무 인형을 만들어 친구로 삼아 놓았지만 여전히 외롭고 쓸쓸했다. 그러다 심심풀이로 땔감을 모아 불을 피웠는데 하늘나라에 있던 호기심 많은 선녀 둘이 지상에서 피어오르는 연기를 보고 청년에게 내려왔다.

갑자기 아름다운 선녀를 본 청년은 정신이 아득해졌다. 하지만 정신을 차리고 용기를 내서 선녀들에게 둘 중 한 명이라도 같이 살아달라고 간청한다. 갑자기 뜬금없는 요청에 난처해진 선녀들은 그건 부모님께 허락받아야 한다며 같이 하늘나라로 가자고 한다. 그렇게 해서 하늘로 올라간 청년은 선녀들의 아버지인 천신(天神) 앞에 나아가 사정한다.

하지만 천신은 듣도 보도 못한 촌뜨기에게 귀한 딸을 그냥 줄 리가 없다. 적당히 핑계를 대서 쫓아버리려고 시험을 내는데, 먼저 일곱 명의 딸 중에게 한 명을 고르라고 한다. 청년은 사자, 호랑이 등 동물로 변한 딸 중에서 용을 선택하는데, 그건 막내 선녀였다.

그러자 천신은 다른 조건을 내걸고 그걸 통과해야 막내를 데리고 갈 수 있다고 말한다. 조건이란 하루 만에 화전(火田) 아홉 곳을 일구고, 다음날에는 아홉 곳 화전의 나무를 모두 불태워 없애고, 마지막 날엔 씨를 뿌릴 수 있도록 땅을 평평하게 갈아 놓으라는 것이었다.

너무나 과도한 요구에 청년은 막막했다. 하지만 이를 안타깝게 여긴 막내 선녀가 그를 도와준 덕택에 주어진 일을 기한 내에 해낸다. 아마도 막내 선녀는 청년이 처음부터 맘에 들었는지도 모른다. 이제 청년은 당당하게 천신 앞에 나아갔지만 천신은 또 조건을 내건다. 동쪽 산에 가서 옥수수를, 남쪽 산에 가서 귀리를 모두 수확하라는 것이었다.

청년은 할 수 없이 천신만고 끝에 옥수수와 귀리를 다 수확했는데 옥수수는 그중에 한 알이 부족했고, 귀리는 딱 반 알이 부족했다. 알고 보니 옥수수 한 알은 비둘기가 먹었고, 귀리 반 알은 검은 개미가 먹은 것이다. 그래서 옥수수 한 알은 비둘기를 잡아서 토해내게 하고, 개미 배 속에 있는 귀리 반 알은 개미허리를 꾹 눌러 끄집어낸다. 개미는 그때 허리가 눌리는 바람에 허리가 잘록해진 것이다. 이렇게 해서 청년은 시험을 다 통과하고 막내 선녀와 함께 인간 세상으로 내려온다.

개미가 귀리를 먹지 않았다면 허리가 잘록해질 일이 없었을 텐데, 결과적으로 허리가 잘록해진 건 귀리 때문이니 이제부터 미인이 되려면 귀리를 먹어야 할지 모른다. 사실 귀리는 다이어트에 좋은 식품으로 귀리에 포함된 섬유질은 포만감을 오래 지속시켜 체중 관리에 효과적이고, 베타글루칸은 소화를 느리게 하고 배고픔을 억제하여 과식을 방지한다.

진정한 미인은 잡힐 듯 잡히지 않고 날아다니는 나비와 같이 어느 누구의 소유가 아니다. 누군가의 손안에 있다면 이미 그녀는 미인이 아니다. '톰 소여의 모험'으로 유명한 미국의 소설가 마크 트웨인은 이런 말을 하였다.

> "신의 창조물 가운데 채찍으로 노예를 만들 수 없는 존재는 단 하나, 바로 고양이뿐이다."

고양이와 갈매기

갈매기는 잡식성으로 항구엔 어김없이 갈매기들로 북적인다. 고깃배가 들어오면 떼를 지어 몰려와 버려지는 고기라도 주워 먹으려고 시끌벅적하다. 생선을 좋아하는 고양이도 마찬가지, 항구 주변을 어슬렁거리며 호시탐탐 먹잇감을 노린다. 갈매기와 고양이는 마주치더라도 각자 먹이에 관심 있을 뿐 서로 무관심으로 평화를 유지한다.

그러던 어느 날, 바다에서 선박 기름 유출 사고가 난 뒤 기름을 뒤집어쓴 갈매기 한 마리가 고양이에게 말을 건다. 칠레의 작가 루이스 세뿔베다의 소설 '갈매기에게 나는 법을 가르쳐 준 고양이'는 이렇게 시작한다. 한때 그린피스 활동을 했던 작가가 환경문제의 심각함을 고양이와 갈매기를 통해 에둘러 환기시키는 작품이다.

월명동엔 선명한 코발트 칼라로 눈길을 끄는 카페가 있다. 입구에는 길고양이 한 마리가 수문장처럼 지키고 있고, 문 위엔 어디서 날아 왔는지 모르지만 갈매기 세 마리가 나뭇조각이 되어 붙어 있다. 갈매기와 무슨 연관이 있는 것일까…?

함부르크 항구에 사는 고양이 소르바스는 기름 범벅이 된 갈매기 켕가를 만난다. 자신이 곧 죽을 것을 예감한 켕가는 소르바스에게 자기가 알을 낳으면 새끼가 태어날 때까지 알을 보호해주고, 끝으로 어린 갈매기에게 나는 법을 가르쳐 줄 것을 부탁한다. 그리고 켕가는 알을 낳자 곧 숨을 거두고 소르바스는 약속대로 그 알을 품고 부화하여 아기 갈매기가 태어난다.

아기 갈매기는 소르바스와 고양이 동료들의 보호로 무럭무럭 자란다. 고양이들은 아기 갈매기의 이름을 '행운아'라는 뜻의 '아포르투나다'로 지어준다.

소르바스와 고양이들은 갈매기가 날 수 있는 방법을 궁리하지만 정작 아포르투나다는 소르바스를 엄마라고 부르며 고양이가 되고 싶어 한다. 당황한 소르바스는 아포르투나다는 고양이가 아니라 갈매기라는 걸 인식시키고, 갈매기와 고양이는 다르지만 서로 사랑하고 함께 할 수 있다고 설득한다.

소르바스와 친구들은 백과사전을 보며 새들의 나는 모습을 연구해 보지만 계속 실패하고 만다. 그래서 고양이들은 인간의 도움을 받기로 하고, 인간 중에서도 시인에게 도움을 청한다.

함부르크 항구에 사는 고양이들 세계에서는 인간과 언어 소통을 하는 것은 절대 금지였지만 어린 갈매기에게 나는 법을 알려주기 위해 어쩔 수 없이 선택된 인간은 시인이었다. 하늘을 나는 거라면 비행기 조종사나 스턴트맨에게 부탁하는 게 더 나을 텐데 왜 하필 시인에게 부탁했을까? 시인이란 어떤 존재인가.

북유럽 신화에 의하면 최고의 신 오딘은 아제 신들과 바네 신들 간의 전쟁이 끝나자 양쪽 진영의 신들을 모아 종전(終戰)의 의미로 한 항아리 안에 모든 신들이 침을 뱉게 한다. 아제 신들은 평화의 상징인 신들의 침으로 남자를 만들고 '크바지르'라는 이름을 붙여주었고, 오딘은 그에게 혀를 만들어준다. 신들의 침이 모아져 만들어진 그는 지혜로웠고, 언변이 뛰어났다. 그는 인간들이 사는 세상으로 내려와 자유롭게 다니며 지혜를 전하다가 난쟁이들의 초대를 받았으나 그들에게 살해당한다. 난쟁이들은 크바지르의 피에 꿀을 섞고 발효시켜서 맛있는 술을 빚었다. 지혜의 정수와 꿀을 섞어 만든 이 술은 시의 음료가 되었고, 이것을 마시면 누구나 시인이 되었다.

시인이란 술을 마시는 사람이며, 술은 이성을 벗어나 감성을 깨우치고 질서의 세계에서 카오스의 세계, 무한한 상상의 세계로 이끈다. 술은 시와 문학의 기원이며, 고대 그리스 술의 신 디오니소스는 연극 예술의 기원으로 간주된다.

고양이 소르바스는 상상력이 뛰어난 시인이라면 고양이와 소통이 가능하며, 지혜로운 말로 어린 갈매기를 하늘로 날게 할 것이라 믿고 도움을 청한 것이다.

시인은 어린 갈매기와 함께 비바람이 몰아치는 옥상에 올라가 '오로지 날고자 하는 자만이 날 수 있다'라는 말로 자신감과 용기를 북돋아 주고, '자신에 대한 믿음'을 가져야 한다고 말해준다. 어린 갈매기는 두려웠지만 시인의 격려와 믿음 덕에 마침내 나는 데 성공한다. 소르바스와 친구들은 하늘을 나는 아포르투나다를 보며 감동의 눈물을 흘린다.

카페 '당나행' 안으로 들어가면 주인이 키우는 다섯 마리의 고양이가 살고 있다. 집에서 키우는 고양이는 확실히 길고양이와 다르다. 사람을 경계하지 않고 쉽게 다가와 몸을 비벼대고 친근함을 보인다. 문 안에서 더위와 추위를 피하고 걱정 없이 배를 채우며 안락하게 지내고 있는 건 오직 엄마의 노력과 사랑의 힘이다.

"당신이 나보다 더 행복하길 바래…."

10살가량 된 아가부인. 월명동에 많은 새끼들이 있다고 한다.
카페 주인이 먹이를 주는 관계로 자주 나타나 문 앞을 서성인다.

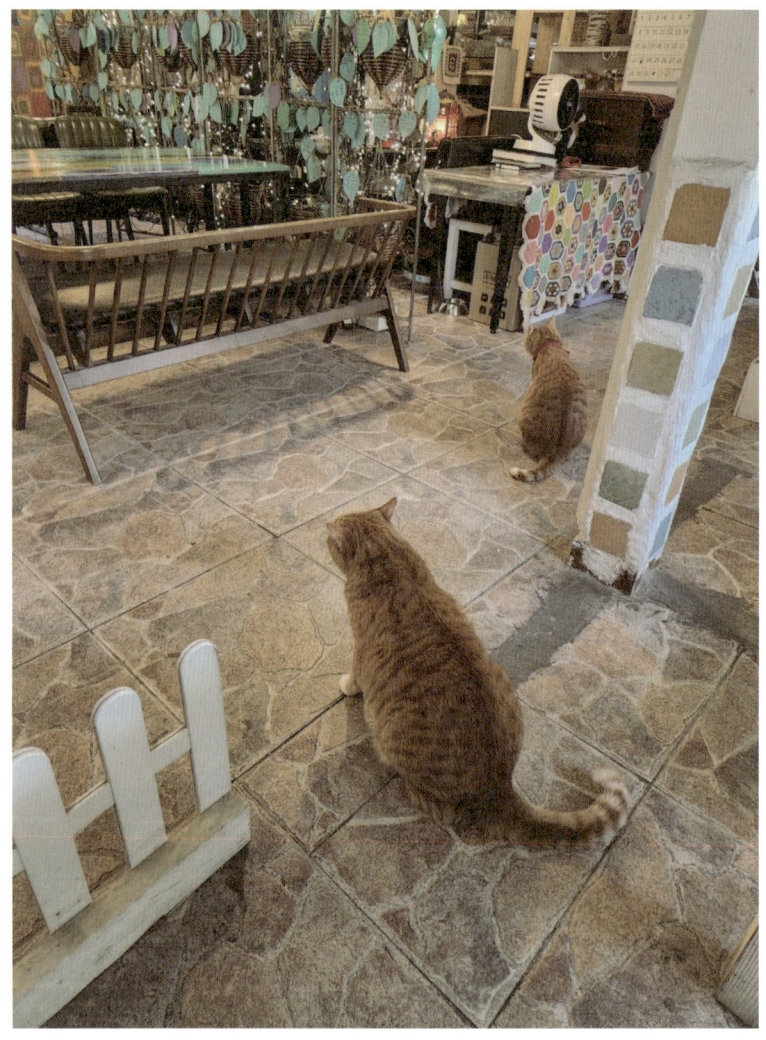

카페 안을 들어서면 오사키와 피카츄가 놀고 있다.
앞에 있는 애가 오사키, 뒤에는 피카츄.

가장 활발한 피카츄.
바닥에 누워 기지개를 켜는 모습이 귀엽고 앙증맞다.

호기심 어린 눈으로 쳐다보는 피카츄

덩치는 가장 크지만 붙임성이 좋은 오사키.
스스럼 없이 옆으로 다가와 몸을 비벼댄다.

은교는 피카츄의 어미다.
낮 시간에는 졸리는 듯 계속 잠을 잔다.

꽈리

　눈으로 어떤 대상을 인식하는 것은 보이는 것과 보는 것으로 나뉜다. '보이는 것'은 아무 생각 없이 그저 수동적으로 인식하는 것을 말하고 '보는 것'이란 주체가 어떤 생각과 의도를 가지고 일부로 보는 것이다. 수동적으로 눈에 보이는 것과 의지를 가지고 보는 것은 다르다. 그땐 어떤 의미를 가지고 내게 다가온다.

　하찮은 미물이나 평소에 그냥 지나치는 것들도 관심을 가지고 보면 달라진다. 직접적인 위해가 아니더라도 무관심 또한 마음의 상처가 되며 관심은 모든 사랑의 씨앗이다. 대개 동물은 인간의 눈에 그저 보이는 것이다. 동물에 대한 사랑도 의지를 가지고 봐야 생긴다.

　동국사 가는 골목에 이점례 할머니 집엔 '꽈리'라고 하는 고양이가 있다. 꼬리가 꽈리처럼 생겼다고 해서 붙여진 이름이고, 주인 할머니

말에 의하면 정성과 사랑으로 키우던 고양이였는데 2년 전 집을 나갔다가 얼마 전에 갑자기 돌아왔다는 것이다. 한때 소문난 동네 바람둥이로 아마 발정기에 암컷을 따라 나가 버린 것으로 추측된다.

꽈리는 한창 젊을 땐 바람피우고 돌아다니다가 돈 떨어지고 힘 떨어지자 그제야 마누라에게 돌아오는 얄미운 남정네 같다. 그런데 이젠 사람을 무척 경계하고 문 밖으로 나갔다가 사람만 보면 잽싸게 안으로 도망쳐 들어온다고 한다. 그동안 나돌아다니다가 누군가에게 학대당했거나 뭔가 큰 곤욕을 치른 게 틀림없다. 내가 다가가자 눈치만 보며 밖을 내다보는 눈빛이 안타깝고 애처롭게 보인다.

기다림

낯선 곳에 여행을 가면 사람들이 대부분 먼저 찾는 것이 맛집이다. 기왕 온 김에 맛있는 곳에 가서 먹어야지 하는 생각으로 사람들은 열심히 검색하여 기어코 찾아간다. 군산에도 맛집으로 소문난 곳은 줄이 길게 늘어 서 있다. 빠르면 이삼십 분, 길면 한 시간 이상 기다려야 한다.

난 예전에 소문난 짬뽕을 먹기 위해 거의 두 시간가량 기다린 이후 더 시간 기다림에 동참하지 않는다. 기다린 만큼 특별한 맛이 아니었으며, 다른 가게와 거의 비슷하다는 생각이 들었다. 그냥 한 끼 간단히 때우면 되지 그렇게 먹는 것에 목숨을 걸어야 하는지 회의감이 들었다.

SNS상에 떠도는 맛집은 맛도 맛이지만 부차적인 여행기념품에 가깝다. 북적대는 사람들의 소음 속에서 입으로 먹는지, 코로 먹는지 모르게 정신없이 바삐 먹는 음식이 제대로 소화가 될까 싶다. 차라리 숨은 고수의 맛집을 찾으려면 현지인에게 물어보는 게 빠르다. 난 잘 알려지지 않고 조촐하지만 여유로운 분위기에서 자극적인 양념 맛이 아닌 재료 본연의 맛을 살린 소박한 밥상을 고대한다.

월명동 거리를 걸으면 낡고 오래된 건물을 만날 수 있다. 각종 새로운 것이 미덕이 돼버린 우리나라에서 오랜 역사와 풍취를 지닌 건물을 만나는 건 흔한 일이 아니다.

지역마다 신시가지나 혁신도시엔 항상 사람들이 몰린다. 하지만 사각 틀 구조의 새로 지은 건물들만 있다 보니 그걸 바라보고 사는 사람들의 사고도 천편일률적으로 흐를까 염려된다. 월명동엔 아직도 양철지붕 위에 고양이가 걸어 다니고, 일제 강점기부터 내려온 나무와 돌로 만든 오래된 건물들 사이로 정취가 그윽하다. 마치 영화의 한 장면 같아 이런 곳에 산다는 건 자체가 행운이 아닐 수 없다.

서해를 뒤로하고 해가 서서히 저물어 갈 무렵, 붉게 물든 가을빛이 아름답다. 어김없이 배꼽시계가 울려대는 시간, 고양이 두 마리가 골목길 한 가옥 앞에 쪼그려 앉아 있다. 언뜻 보기엔 쉬고 있는 것처럼 보이나 저녁밥 주기를 기다리는 고양이들이다. 분명히 집에서 키우는 고양이는 아니고, 마음씨 좋은 집주인이 때가 되면 밥을 주기 때문에 있는 것 같다.

이제 고양이들은 돌아다니며 사냥감을 찾지 않고 인간이 주는 먹이를 한사코 기다린다. 개들 같으면 배고프다고 끙끙대고 보챌 텐데 고양이는 마치 수도승인 양 조용히 인내하며 기다리고 있다. 배고픔에도 결코 우아함을 잃지 않는다.

기다리는 대상이 있고, 약속이 있다는 건 그래도 다행스러운 일이다. 잠시 공백은 있어도 언젠가는 누굴 만나기 때문이다. 하지만 기약 없는 기다림은 얼마나 허탈한가. 그럴 땐 절망에서 오는 헛웃음만 나온다.

여기 그런 기다림을 연극으로 표현한 작품으로 '고도를 기다리며(Waiting for Godot)'가 있다. '고도를 기다리며'는 아일랜드 극작가 사무엘 베케트의 노벨문학상 수상 작품으로, 희곡으로 노벨문학상을 받는 경우는 매우 드문 일이다. 난 이 작품을 처음 읽었을 땐 너무 지루했는데 극단 산울림에서 하는 공연을 보고 생각이 확 바뀌었다. 역시 연극은 무대에 올려졌을 때 그 진가가 발한다고 했던가. 내겐 굉장히 철학적이면서도 너무 재미있는 공연이었다. 이 작품을 가지고 50년 이상 공연을 이어온 연출자 임영웅 씨는 아마 지금쯤 고도 씨를 만나고 있을지 모른다.

고도(Godot)란 신(神)이나 희망을 상징하고 있으며, 이 연극은 거리의 두 부랑자 '디디'와 '고고'가 고도를 기다렸으나 결국 고도는 오지 않는다는 내용을 담고 있다. 하루 종일 기다리는 지루함을 달래기 위한 두 사람의 의미 없는 행동은 웃음만 자아낼 뿐, 희망이 없는 세상은 부조리로 가득 차 있다.

2차 대전 이후 발생한 이른바 부조리 연극은 신이나 물질문명이 가져다줄 희망과 단절되고, 서로의 소통마저 끊긴 채 외롭게 살아가는 인간의 모습을 보여주고 있고, 그 상황은 오늘날과 비교해 별반 차이가 없는듯하다. 대화를 하지만 서로에 대한 이해는 피상적으로 흐르고 각자 자신 안에 갇혀 있을 뿐, 관계는 의미 없고 결국 인간은 외로울 뿐이다.

서서히 어두워 가는 석양의 그늘 아래, 앙상한 나무 한 그루 대신 여러 개의 화분을 사이에 두고 기다림에 초연한 두 고양이는 고도와 무관해 보인다. 그저 미동 없는 고요함만 빛난다.

디디   고고

고양이의 꿈 猫夢

어젯밤 꿈에 나는 고양이가 되었다.
사뿐사뿐 걷고 잽싸게 뛰어오르는 고양이였는데
나에게 꼭 맞았는지라 내가 나인 줄 전혀 몰랐다.
이윽고 깨어나니 틀림없이 나였다.
알 수 없구나. 내가 꿈에 고양이가 된 것인가?
고양이가 꿈에 내가 된 것인가?

장자의 호접몽(胡蝶夢)을 나비 대신 고양이로 바꿔 옮겨 본 것이다. 장자가 꿈에 나비가 되었는데 너무나 생생하여 자신을 잊다가 잠에서 깨어보니 인간인 자신이 꿈속 나비가 된 것인지, 나비가 인간 자신이 되는 꿈이 된 것인지 반문하는 내용이다. 인간과 나비의 경계가 모호해지는 것처럼 현실이 꿈인지, 꿈이 현실인지 분간이 안 될 때가 있다.

호접몽은 내가 나비가 될 수 있고, 나비가 내가 될 수 있는 것처럼 나와 객체, 사물과 마음, 자연과 인간은 본질적으로 하나라는 생각을 담고 있다.

고양이는 어떤 행동을 할 때 몸 전체를 움직이지 않고 꼭 필요한 근육만 쓴다. 필요한 근육 외 나머지 부분은 이완이 되어 있어서 에너지의 효율성이 매우 높다. 그건 척추의 유연함에 기인한다. 인간은 직립보행을 하기 때문에 허리가 곧고 단단하여 유연성이 떨어지고, 척추에 병이 나기 쉽다. 동물은 대부분 네 발로 걷기 때문에 척추에 무리가 가지 않고 매우 유연하다. 그래서 원숭이는 나무와 나무 사이를 새처럼 옮겨 다니고, 표범은 높은 곳에서 땅바닥에 사뿐히 내려앉는다.

유연성을 기르기 위한 연극 배우들의 신체 훈련엔 고양이 움직임을 모방하는 연습이 있다. 배우들이 고양이처럼 걷고 움직이는 훈련에 집중하다 보면 간혹 고양이가 된 듯한 착각에 빠진다. 내가 고양이가 된 건지, 고양이가 내가 된 건지 모를 정도로 몰아(沒我)의 지경에 이르기도 한다. 모든 생명은 하나라는 생각은 하찮게 보이는 미물일지라도 함부로 대하지 않게 만든다.

때는 가을이 깊어져 가고 아침에 서리가 내리는 상강(霜降)이다. 수줍은 단풍나무가 급기야 붉게 물들고, 아침저녁으로 쌀쌀해지며 동물들은 겨울 준비를 시작한다.

월명동 주민센터가 위치한 골목엔 많은 상가가 즐비한데 그 가게들 사이 비좁은 통로에 고양이 한 가족이 머물고 있다. 길고양이들은 대부분 각자 독립하여 떠돌아다니는데 가족이 함께 있는 건 아직 새끼를 육아 중이거나 주변의 가게 주인들이 잘 보살펴 주기 때문이다.

이들에게 늘 먹이를 챙겨주는 푸근해 보이는 가게 사장님은 어미의 이름이 '이쁜이'라고 알려준다. 이쁜이는 지금까지 한 여섯 번 정도 새끼를 가졌고, 새끼 중에는 가끔 나갔다가 안 돌아오는 아이들이 있는데 아마 죽었을 거라고 한다. 필시 차에 치였거나 병에 걸렸거나… 길고양이들 미래는 언제 어떻게 될지 알 수가 없이 불안한 여정을 아슬아슬하게 이어간다.

왼쪽 앞이 이쁜이, 그 뒤에 새끼들이 있다.

모든 어미는 강하다.

함께 있는 새끼들이 더 자라서 무리에서 독립해 나가면 이쁜이는 다시 혼자가 될 것이다. 내년에도 이쁜이를 볼 수 있을까? 곧 닥쳐올 겨울을 앞두고 사장님은 걱정이 앞서는지 표정이 어두워지다가 다시 고양이들을 보고 허탈하게 웃는다.

"가을이 가면 겨울이 오고 이 또한 지나가리라.
고양이의 꿈에 나비가 보인다."

아저씨가 챙겨준 밥을 사이좋게 먹고 있다.
고양이는 먹이를 두고 싸우지 않는다.

성숙해 보이는 다미

겁이 많은 슬기는 엄마를 따라가지 못하고
주위를 살피며 눈치만 보고 있는 모습이 귀엽다.

하얀 고양이 '라떼'

라떼는 이탈리아 말로 '우유'란 뜻이다. 카페라떼는 커피에 우유를 섞어 만든 커피로 커피숍에서 아메리카노 다음으로 많이 팔린다. 커피에 우유를 타서 한 모금 마시면 입 안에서 달짝지근한 맛이 몽글몽글 피어오른다. 라떼는 여러 가지 종류가 있는데 커피가 들어가는 것으로 카페라떼, 바닐라 라떼, 헤이즐넛 라떼, 모카라떼가 있고, 커피가 들어가지 않는 것은 초코라떼, 녹차라떼, 딸기라떼, 바나나 라떼 등이 있다.

명산 사거리에서 동국사 가는 골목에는 월명동 주변에서 유일하게 흰 고양이가 있다. 흰 고양이는 한자로는 백묘(白猫)로, 온몸이 하얀 고양이다. 다른 색 고양이보다 파란 눈이나 양쪽 홍채의 색이 서로 다른 아이가 나올 확률이 높다.

그 외에 노란 눈, 연두색 눈을 타고나기도 한다. 특정 색과 무늬가 나오도록 개량된 품종이 아니라면 대부분의 품종에서 하얀 고양이가 나올 수 있고, 흰 털 유전자는 우성이므로 유전이 잘 되다 보니 부모 중 한쪽이 흰 고양이라면 자식들도 흰 털을 지니고 태어날 확률이 높아진다.

우리나라의 고양이는 다양한 색상과 무늬를 가지고 있고, 성격이 온순하고 친화력이 좋아 키우기 쉽다. 가장 흔히 볼 수 있는 고양이는 노랑이다. 노란색 줄무늬가 있거나 줄무늬가 거의 없고, 노란색만 있는 고양이도 있다.

검푸른 회색빛의 고양이는 고등어라고 불린다. 활발하고 호기심이 많고 영리한 편이다. 흰 털과 검정색 털이 온몸에 뒤섞여 있는 고양이는 젖소 또는 얼룩이라고 한다. 검정, 주황, 흰색이 섞여져 있는 고양이는 삼색이라고 하고 거의 다 암컷이다. 삼색이와 거의 비슷하지만 검정색 비율이 높은 고양이는 카오스라고 한다. 가슴, 배, 발을 제외한 등과 꼬리가 검은 고양이는 턱시도이다. 그리고 완전히 검은색인 검정고양이가 있고, 가끔 라떼처럼 흰 고양이도 태어난다.

하얀 고양이 라떼.
카페에서 만들어준 임시 거처가 맘에 드는 모양이다.

흰 고양이 라떼는 골목 카페 앞에 주로 머물고, 그 주변을 자기 영역처럼 왔다 갔다 한다. 카페 주인이 제공한 임시 집과 먹이를 먹고 편안한 나날을 보내고 있어 보는 사람 마음조차 안심이 된다. 가끔 재밌는 장면은 비둘기가 날아와 라떼의 사료를 먹는 것이다. 그럼에도 라떼는 비둘기를 쫓아내거나 해코지하지 않는다.

고양이들은 좀처럼 먹이를 두고 싸우지 않는다. 자기 정량만 먹고 배가 차면 더 이상 먹지 않고 남겨둔다. 먹는 것 앞에 여유를 갖고 욕심을 부리지 않는 동물은 몇이나 될까…

숲으로 들어간 라떼는 더욱 신비롭게 느껴진다.

고양이 밥을 슬쩍하는 얌체 비둘기

제2부
시간 여행자의 거리

여행은 일상과 다른 새로운 리듬을 만들어내며
시간의 주인은 여행자가 된다.

어둠이 지나간 자리

　과거 일제 강점기의 어두운 시절에 군산은 일본인들이 대거 거주한 지역으로 여전히 그 잔재가 월명동 일대에 남아 있다. 일본 제18은행 군산지점이 근대미술관으로, 조선은행 군산지점은 근대건축관으로 변모했고, 군산세관과 당시 조선운송주식회사 사택과 판사 사택, 히로쓰 가옥 등 목재구조에 갈색으로 채색된 일본식 적산가옥이 도처에 자리 잡고 있다. 적산은 '적국의 재산'이란 뜻으로 한국에서 일본인이 남긴 재산이다.

　월명동엔 남아 있는 적산가옥을 개조하여 카페나 서점, 기념품점, 숙박업소로 쓰이는 곳이 있고, 근래에 새로 생긴 상가도 일본식으로 지어진 곳이 적지 않다. 그뿐만 아니라 일본 음식을 대표하는 스시, 라멘, 우동, 소바, 텐동을 파는 음식점이 곳곳에 자리 잡고 있어, 순간 일본의 거리에 와 있는 듯한 착각에 빠져든다.

일본의 대표적인 전통음식은 대체로 일본 에도시대에 비롯된 것으로 알려져 있다. 에도시대는 일본에서 도쿠가와 이에야스가 집권한 1603년부터 막부가 권력을 상실한 1867년까지의 봉건시대를 말한다. 최고 지위의 무사 계급인 쇼군이 막강한 권력을 장악하고 전국을 통일 지배하는 중앙집권 정치체제가 확립된 시기다.

이 시기에 일본의 정치, 경제, 사회의 중심지는 기존의 교토, 오사카 중심 지역에서 현재의 도쿄 중심의 간토 지역으로 이동하였다. 이때 대도시들은 급속히 발전했고, 그로 인해 전국의 많은 청년들과 독신생활을 하는 하급 사무라이들이 도시로 몰려들었다. 따라서 이들을 위해 간편하고 빨리 먹을 수 있는 요식업이 생겨났고, 서민들을 위한 노점 음식이 발전했다.

노점에서는 덴푸라, 장어 꼬치, 스시, 오뎅, 우동, 소바, 모치, 단고, 오징어구이 등을 판매하였다. 초밥, 튀김 같은 요리는 현재 고급 요리로 여겨지지만 원래는 에도시대 서민들이 포장마차에서 서서 먹었던 패스트푸드였다.

일본의 대표적인 면 요리는 라멘과 우동 그리고 소바가 있다. 라멘은 중국의 수타 탕면 '라멘'(拉面)에서 유래된 음식으로 수타면을 국물에 말아 요리한 중화요리 탕면이 일본으로 들어와 발전한 것이 오늘날 일본의 라멘이다. 중국 라멘은 쇠고기를 우려낸 국물로 담백하지만 일본 라멘은 돼지 뼈 육수나 일본식 된장으로 육수를 만든다.

소바는 도쿄를 중심으로 관동지방을 대표하는 면 요리다. 원래 일본어 소바(そば)는 메밀국수가 아니라 '메밀'이라는 뜻이다. 메밀가루로 만든 면을 습관적으로 '소바멘'으로 부르다가 '소바'로 굳어져 현재 사용되는 것이다. 소바 레시피는 에도시대에 완성되어 수백 년 동안 이어져 내려온 전통이다. 소바의 종류는 크게 두 가지다. 하나는 냉메밀로 차가운 메밀면을 간장 베이스의 장국에 찍어 먹는 음식으로 '자루소바(ざるそば)'라고 부른다. 이때 고추냉이를 곁들이면 메밀 특유의 향을 높일 수 있다. 또 하나는 온메밀이다. 따뜻한 국물에 메밀면이 들어 있는 형태의 소바로 추운 겨울에 즐겨 먹는 면 요리다.

소바가 관동지방을 대표하는 면 요리라면 우동은 오사카를 중심으로 관서지방을 대표하는 면 요리다. 메밀이 많이 생산되는 관동지방과 달리 관서지방은 밀이 많이 생산되는 관계로 우동이 발달되었다. 약 1200년 전에 승려 구카이가 중국에서 요리법을 배워서 일본에 들여온 것이 우동이 되었다고 전해진다. 관서지방의 우동은 소금과 다시마를 주로 사용해 맑은 국물을 우려낸다. 반면 관동지방은 대체로 간장 위주로 국물을 내기 때문에 색이 진하다.

일본은 사면이 바다로 둘러싸여 있어 생선요리가 발달하였는데 스시는 식초(す)와 밥(めし)의 합성어로 소금이나 식초로 간을 한 밥에 어패류를 올려 만든 음식이다. 처음엔 냉장 기술이 없어 생선을 보존하기 위해 만들어 싸게 판매했지만 점차 고급화되었다. 원래 노점에서 서민들이 간단한 식사로 먹던 저렴한 음식이었는데 스시 전문점이 하나둘 생기면서 비싼 음식으로 변했다.

그 외에 우리에게 잘 알려진 일본 음식은 돈카츠(とんかつ), 튀김류인 덴푸라(てんぷら), 밥 위에 여러 가지 튀김을 얹어 먹는 텐동(てんど

ん)이 있다.

월명동에는 꽤 그럴듯한 일본식 텐동 전문점인 '요쿠야마치'가 있다. 요쿠야마치(沃野町)는 본점이 전북 익산에 있고, 익산의 옛 지명인 옥야(沃野)와 '동네'를 의미하고, 일본의 행정구역의 하나인 정(町)이 합쳐 우리말로 옥야도시, 옥야읍을 뜻한다. 여기서 나오는 우동과 텐동에는 새우, 버섯, 연근, 단호박의 바삭한 튀김이 곁들여 나오는데 그 맛이 일품이다. 그리고 온천 달걀은 보통 요리사에게 따로 요청하지 않는 한 반숙으로 나오며, 이것을 밥 위에 터뜨려서 먹는 것이 기본적인 식사 방법이다.

요쿠야마치 입구

요쿠야마치 앞에도 고양이가 들락거린다. 그 앞을 지나다가 평소에 보이지 않던 삼색 고양이를 발견하고 난 반가운 나머지 급히 사진을 찍고 이름을 붙여줬다. 월명동을 걸으면 바다에서 불어오는 선선한 바람과 짙은 갈색의 일본식 목조건물에서 흘러나오는 맛있는 냄새, 문을 열고 들어가면 은은한 불빛의 운치 있는 분위기에 금세 매료된다.

시주를 바라는 스님처럼…

일제 강점기의 시인 이상화는 〈빼앗긴 들에도 봄은 오는가〉와 같은 민족시를 통해 당시의 암울함을 표현하였다. 현재 우린 빼앗긴 들은 다시 찾았지만 어둠이 지나간 흔적은 사라지고 않고 남아 있다. 그 자리를 보존하는 이유는 다시 빼앗기지 않기 위해서지 찬미를 위한 것은 아니다.

험한 세상의 의자가 되어

오래전에 일본 도쿄에 간 적이 있는데 기억에 남는 것은 거리는 깨끗한데 의자가 없다는 것이다. 여행객으로 오래 걷다 보면 다리가 아파 잠시 쉬고 싶은데 거리에 의자가 없어 어느 가게라도 들어가야만 앉을 수 있으니 참 고약하다는 생각이 들었다. 그것도 손님을 끄는 전략 중 하나가 아닌가 싶어 얄팍한 느낌마저 들었다.

또다시 벚꽃엔딩이 울리는 주말, 월명동 거리는 가는 곳마다 가게 앞이나 골목에 의자가 놓여 있어 마음이 포근해진다. 가게에 들어오든, 안 들어오든 상관없이 잠시 쉬어가도록 배려한 따뜻함이 묻어난다.

장사가 안 될수록 더 화려하고 멋지게 꾸미라고 했듯이 궁색해 보이는 가게에 누가 들어가고 싶겠는가. 실제로 의자에 앉아 있는 사람은 많이 보진 못했으나 의자가 있다는 것만으로 거리는 풍요로움이 넘친다.

　나는 얼마 전 지인들 단톡방에 내일 지구가 멸망한다면 오늘 듣고 싶은 음악이 무엇인지 한 곡씩 올려달라는 글을 올렸다. 다들 좀 엉뚱하다고 생각을 했겠지만 그래도 음악을 올려주는 사람이 몇몇 있었다. 장필순의 '사랑할 수 있어서 슬퍼도 행복합니다', '애국가', 반전 메시지를 담은 'Where have all the flowers gone?', '차이코프스키 바이올린 협주곡 D장조' 등 취향이 다양했다. 나는 루이 암스트롱이 부른 'What a wonderful world'를 올렸다. 지구의 생명이 다하여 다른 행성으로 인류가 옮겨가야 한다면 지구의 아름다운 모습을 영원히 기억하고 싶은 소망이랄까….

　거기에 한 곡을 더 추가한다면 난 '험한 세상의 다리가 되어'로 알려진 사이먼(Simon)과 가펑클(Garfunkel)의 노래 'Bridge over trouble water'를 올려놓고 싶다. 한동안 라디오를 켜면 자주 울려 퍼

졌던 노래, 맑고 아름다운 화음과 가사가 좋았던 노래다.

당신이 몰락하여 아무것도 없을 때
당신이 거리를 헤멜 때
밤이 되면 너무 힘들 때
내가 당신을 위로할게요
내가 당신의 짐을 질게요
어둠이 몰려오고 고통이 사방에 가득할 때
험한 물결 위에 놓인 다리처럼
내가 다리가 되어 드릴게요

When you're down and out
When you're on the street
when evening falls so hard I will comport you
I will take your part
When darkness comes and pain is all around
Like bridge over trouble water I will lay me down

월명동에 오면 카페에서 커피를 테이크아웃하여 맘에 드는 의자에 앉아 사이먼 & 가펑클의 노래를 이어폰으로 들어보라. 시간 여행자의 위로와 감동이 밀려온다.

"힘든 당신이 쉴 수 있도록 의자가 되어 드리겠습니다."

두근두근

    평소 무심코 지나치던 대상이 어느 날 갑자기 마음에 다가오는 때가 있다. 명산 사거리에서 월명산으로 오르는 골목 초입에 들어서면 아기자기한 가게가 하나 있다. 관광객을 대상으로 여러 가지 잡동사니를 파는 곳이려니 했는데 갑자기 가게 이름이 내 눈에 확 들어왔다. '두근두근'이라… 갑자기 어떤 작용으로 무의식 속에 있던 잠재적 감정이 되살아난 모양이다.

    어떤 대상에 대해 두근거려 본 적이 언제였던가. 아주 까마득한 옛날 같다. 그래서 지나치면서 자주 보고도 무감각했으리라. 난 혹시나 하는 심정으로 호기심이 급발진하여 가게 문을 열고 들어가 봤다. 가게 안에는 엽서, 머리핀, 인형, 손수건, 악세사리 등 여자들이 좋아할 만한 예쁜 소품들이 감성을 자극한다. 자기만의 추억이 서린 물건은 잊고 있던 감각을 일깨우고 상상의 나래를 펴게 한다.

두근두근 내부

독일의 작가 괴테는 70세가 넘어서도 손녀 같은 17세의 소녀에게 사랑을 고백하다 퇴짜맞았다는 얘기가 전해진다. 요즘 시대라면 범죄처럼 취급되겠지만 그 당시의 유명 스타 같은 작가에겐 충분히 있을 법한 해프닝이다. 아름다운 이성을 향한 두근거림은 나이와 상관없겠지만 당시 괴테는 실연의 아픔으로 '마리엔바트의 비가(悲歌)'라는 시를 쓰게 된다.

> 인간이 고통 속에서 침묵할 때,
> 신은 내게 고통받음을 말할 재능을 주셨네
> 나 어찌 다시 만나기를 희망하랴
> 오늘도 여전히 닫혀 있는 저 꽃봉오리를
> 낙원도 지옥도 네 앞에 열려 있구나
> 마음은 얼마나 흔들리는지!

시인이나 작가는 현실의 벽에 부딪힐 때 그로 인한 고통에 그치지 않고 내면의 예술로 승화시킨다. 그래서 괴테는 더 나아가 '발견'이라는 유명한 시를 남긴다.

> 숲속 길 걸었네
> 뭇생각 덜어내며
> 걷고 또 걸어보는 것
> 바로 내 생각이었네

그늘에 핀

작은 꽃 한 송이

별처럼 반짝이었네

눈망울처럼 영롱했네

난 꺾고 싶었네, 그때

고운 목소리로 말했네

내가 꺾여

시들어야 하나요?

나는 뿌리채

모두 뽑아

내 집 작은 뜰에

고이 심어두었네

조용히 내 뜰에서

다시 자라나

날로 가지를 뻗고

자꾸만 꽃을 피운다네

얼마나 지혜로운 시인가. '내가 꺾여 시들어야 하나요?' 애절하게 말하니까 뿌리채 뽑아서 집으로 가져오다니… 하지만 시인은 작은 꽃을 굳이 집으로 가져와야만 했을까? 집에 두고 혼자 독차지하기보단 여러 사람이 꽃의 아름다움을 공유하도록 그대로 놔두면 더 좋았을 텐데 말이다. 사랑은 반드시 소유해야만 직성이 풀리는 모양이다.

그저 바라만 봐도 좋은 사랑… 그런 성숙한 사랑을 한 이가 우리에게 있다. 조선시대 대학자 율곡 이이와 기생 유지(柳枝)의 순애보가 그러했다.

율곡이 39세에 황해도 해주에 관찰사로 있을 때 어린 기생인 유지(柳枝)가 율곡의 시중을 들었다. 유지는 하늘에서 내려온 선녀처럼 아름다웠으나 12세에 지나지 않았고, 원래 양반 집안의 자식이었으나 어려서 부모님을 잃고 기적에 오르게 되었다고 한다. 이를 안타깝게 여긴 율곡은 단지 말벗하며 딸처럼 예뻐해주며 갓 피어난 꽃봉오리를 꺾지 않았다. 얼마 후 율곡은 관찰사 임기가 끝나 한양으로 돌아갔지만 유지는 율곡의 학식과 고귀한 인품에 매료되어 연모의 마음을 갖고 그를 그리워했다.

그 후 9년이란 세월이 흘러 율곡은 명나라 사신을 맞이하는 원접사로 평양을 가는 길에 해주 관아에서 하룻밤을 지냈다. 그날 밤 율곡의 침소로 유지가 찾아왔다. 이제 꽃봉오리가 활짝 피듯 성숙한 여인이 된 유지는 그날 밤 율곡을 모시고자 하였으나 율곡은 유지를 취하지 않고 술과 시로 교우하였다.

몇 해가 지난 후 율곡은 벼슬을 그만두고 해주로 다시 돌아와 유지와 재회를 한다. 하지만 율곡은 여러 날 동안 유지와 술을 마시며 애틋한 마음만 나누고 한양으로 길을 떠난다. 그런데 율곡이 가는 길에 재

령에 잠깐 머무는데 유지는 밤길을 걸어 율곡을 찾아온다. 율곡의 건강 상태로 보아 이 만남이 생애 마지막이 될 것을 예감하고 다시 찾아온 것이다.

율곡은 여인네가 위험한 밤길을 홀로 찾아온 것에 대해 차마 거절하지 못하고 유지를 맞아들이지만 둘 사이에 병풍을 치고 담소하며 밤을 지새운다. 그리고 율곡은 유지와 이별을 하면서 다음 생에 만날 것을 기약하며 장시(長詩) 한 편과 칠언절구 3수를 지어준다. 이를 유지사(柳枝詞)라 한다. 그 후 율곡은 이듬해 지금의 서울 인사동에서 세상을 떠난다. 소식을 들은 유지는 서울로 올라와 삼년상을 지냈을 뿐만 아니라 그 이후에도 율곡을 마음에 두고 평생을 혼자 산다.

타고난 용모와 맵시 선녀 같은 자태로구나
십 년을 서로 알아 익숙한 그 모습
무릇 내가 목석같은 사내이기야 하겠냐마는
병들고 쇠하여 분화를 사양함일세

헤어지며 정든 이 같이 설워하지만
서로 만나 얼굴이나 친했을 따름
다시 나면 네 뜻대로 따라가련만
병든 이라 세상 정욕 찬 재 같은걸

병풍을 사이에 둔 율곡과 유지의 사랑⋯ 마치 서로 마주 보고 있는 나무들의 사랑과 같다. 항상 그 자리에서 더 이상 가까이 가지도 않고 더 멀어지지도 않는 사랑… 그건 욕심을 버리는 마음의 수행과 자신보다 상대의 입장을 먼저 생각하는 깊은 인격에서 나온다. 소유하고픈 욕심으로 성급히 다가가다 금세 깨져 버린 관계가 얼마나 많은가. 율곡은 마음의 절제로 유지에게 헤어짐이 없는 영원한 연인으로 남았던 것이다.

고양이의 매력 또한 일정한 거리감에서 온다. 붙임성이 좋은 개와는 달리 고양이는 가까이 오도록 한껏 유도해 놓곤 가까이 가면 멀리한다. 특별한 경우를 제외하고는 항상 어슬렁어슬렁 조용히 걸어 다니고, 귀족처럼 서두르는 법이 없다. 항상 잘 다듬은 고운 털과 나긋나긋한 가벼운 발걸음, 어디로 튈지 모르는 날렵한 몸놀림과 어떤 틀에 얽매이지 않는 자유로움… 때론 조용히 멈춰서 한곳을 골똘히 응시하며 저만의 고독을 즐기다가 홀연히 어디론가 사라져 버린다. 그러다가 갑자기 나타나 친한 척 몸을 비벼대지만 온전히 자신을 내어주지 않는 매우 독립적인 존재가 고양이다.

"고양이를 보면 우아한 미녀를 보는 것처럼
가슴이 두근거린다."

거리감을 유지하는 고양이…
마치 짝사랑을 하는 듯,
감히 다가가지 못하고 눈치만 보며 두근거리고 있다.

걷는 사람들

　사람들은 자주 걷다가 나름의 답을 찾는다고 니체는 말했다. 산책의 이유로 걷는다는 건 꼭 어떤 목적이 있어야 하는 건 아니다. 어떤 의무나 도달해야 할 목표가 있어 빨리 이동하는 것과는 다르다. 그저 바람을 쐬며 생각을 가다듬거나 상쾌한 공기를 호흡하고, 햇빛을 받는 여유롭고 즐거운 행위이다.

　군산에서는 걷는 사람들을 많이 볼 수 있는 곳 중의 하나가 월명산이다. 월명산은 월명동에 사는 사람들뿐만 아니라 군산 시민의 대표적인 휴식 장소이다. 월명산에 오르는 길은 여러 갈래이고, 청소년 수련관을 지나 월명호수로 이어지는 산책길을 사람들이 가장 많이 선호한다. 날씨가 좋은 날은 나도 가벼운 복장으로 시원한 바람을 맞으며 호수 옆길을 걷는다. 운동 삼아 빨리 걷는 젊은 사람도 있고, 느린 보폭으로 유유자적하게 걷는 나이 지긋한 어르신도 있다. 이렇게 걷는 사람들을 보면 난 문득 좀머 씨가 생각난다.

좀머 씨는 소설 「향수」로 유명한 독일 작가 파트리크 쥐스킨트의 소설 「좀머 씨 이야기」에 나오는 인물이다. 파트리크 쥐스킨트는 세계적으로 성공한 작가지만 문학상 수상과 언론의 취재를 거부하고 은둔 생활을 하는 기이한 작가로서 그의 모습과 글은 내게 매우 인상 깊게 다가왔다. 대부분 사람들은 유명해지길 원하며 자신의 업적을 과시하려고 하지만 이 작가는 사람들을 피해 숨어버린다. 정말 자유가 뭔지를 아는 사람이다.

소설 속 좀머 씨는 일정한 직업이 없고, 인형 만드는 일로 먹고 살아가는 아내와 단둘이 살고 있다. 자식도 없고, 친척도 없고, 찾아오는 손님도 없지만 마을에 있는 호수를 중심으로 사방 60km 내에선 그를 모르는 사람이 없다. 그가 하는 일이란 이른 아침부터 저녁 늦게까지 하루 종일 걷기만 한다.
집을 떠나 들판과 초원을 지나 호수 주위의 숲을 지나고, 시내로 갔다가 이 마을 저 마을로 사방을 주야장천 걸어 다닌다. 1년 중 하루도 쉬지 않고 비가 오나, 눈이 오나 한여름 뜨거운 햇빛도 아랑곳하지 않고 태풍이 오더라도 호수 주변 길을 매일 걸어 다닌다.

겨울엔 폭이 길고 온몸을 감싸는 검은색 외투를 입고, 대머리엔 빨간색 털모자를 하고, 발은 검정 고무장화를 신고 걸어 다닌다. 여름엔 검은색 천으로 두른 납작한 밀짚모자를 쓰고 캐러멜색 셔츠와 반바지를 입고 호두나무로 만든 기다란 지팡이와 배낭을 걸치고 우악스러운 등산화를 신고 걷는다.

배낭 속에는 모자가 달린 우비와 버터빵 한 조각이 있을 뿐이다. 도대체 그런 끝없는 방랑의 목적이 무엇인지, 왜 그렇게 걷는 건지 아무도 모른다. 그가 사는 마을엔 버스도 다니고, 자가용을 모는 사람도 많은데 유독 그는 걷기만 하고, 혹여 마주치는 사람이 어디 가냐고 물으면 마지못해 고개를 가로저으며 혼잣말로 바쁘다는 말만 중얼거리고 걸어갈 뿐이다.

하루는 비가 몹시 내리고 돌멩이만 한 우박이 떨어지는 날이다. 지나치는 차량 운전자가 걸어가는 그를 보고 측은하게 여겨 태워주겠다고 하면 아무 반응이 없다가 또 재촉하면 비로소 걸음을 멈추고 "제발 나를 좀 그냥 놔두시오." 하고 걸어가 버린다.

그런 그를 보고 사람들은 갇힌 곳에선 잠시도 있지 못하는 폐쇄공포증 때문이라고 하고, 그저 걷는 게 좋아서 자기만족과 쾌락을 위해 걷는 것이라고 하기도 한다. 하지만 걸을 때 그의 표정은 기쁨에 차 있는 게 아니라 일종의 두려움과 고통에 일그러진 얼굴이다.

몇 년 후 세월이 흘러 그의 아내가 죽자 그는 혼자 살며 매일 걷는 일을 계속한다. 걷다가 배가 고프면 배낭 속의 빵을 꺼내고는 쫓기는 사람처럼 주위를 살피고 재빠르게 빵을 먹고 다시 걷기 시작한다. 그러다 어느 가을 저녁에 호수로 걸어가 그대로 물속으로 들어가 빠져 죽는다. 그의 걷기는 건강을 위한 것도 즐거움을 위한 것도 아니고, 일생을 죽음으로부터 도망치는 행위다. 죽음의 두려움 때문에 평생 죽음으로부터 도망치는 것만으로 살다 결국 죽어버린다.

지독히도 순결하고, 극단적으로 고집스럽게 한 가지만 생각하고, 한 가지만 하다 죽는 사람이 몇이나 될까? 누가 다가와 물으면 '귀찮으니 제발 나를 가만히 좀 놔두라'라고 외치고 가던 길을 계속 가는 사람… 좀머 씨는 작가 파트리크 쥐스킨트의 분신처럼 보인다. 삶이란 매일매일 죽음에 쫓기는 것, 그렇게 쫓기다 결국 죽음을 맞이하는 게 우리 삶인지도 모른다.

좀머 씨가 살았던 마을의 호수와 흡사한 월명산 호수길… 한눈에 들어오는 푸른 하늘 아래로 햇빛에 반짝이는 수면을 바라보며 걷다 보면 어디선가 또 다른 좀머 씨가 걸어올 것만 같다.

"말 걸지 마세요. 바빠요. 날 내버려 두세요."

그의 투박하고 거친 말투가 귀에 울리는 것 같다.

"그렇다고 호수엔 들어가지 마세요!"

소설여행

    소설은 일상을 닮았으나 사실과 구별되는 꾸며 만든 이야기, 즉 허구적인 문학 형식이다. 허구란 실제 이야기가 아니라 만들어낸 이야기, 가공의 역사를 기반으로 한다. 현실적으로 일어나기 어려운 일을 이야기로 만들어내거나 있을 법한 일을 그려낸다. 소설은 사실을 새롭게 재생하거나 감춰진 진리와 진실을 전달하기도 한다.

    소설은 진실성을 목표로 하기 때문에 산문이라는 일상어를 사용한다. 짧은 시로는 일상에서 일어나는 사건이나 감정을 세세히 드러낼 수 없으므로 산문을 통해 정확하고 진실하게 표현하려는 것이다. 소설은 가장 효과적으로 형식에 얽매이지 않고 자유롭게 작가의 감정을 토로할 수 있는 문학 형식이라고 할 수 있다.

    따라서 여행은 시보다는 소설에 더 가깝다. 여행은 하나의 일탈이기 때문이다. 일정한 틀 안에서 어떤 형식에 얽매이기보다는 생각나는 대로 자유롭게 써 내려가는 게 여행에 더 어울린다. 또한 여행은 만남의 역사다. 여러 사람과 만나 새로운 인연을 만들고 또 다른 운명을 창조하면 소설의 한 편이 된다. 길에서 우연히 만나는 인연만큼 극적인 사건은 없다. 혼자만의 시간을 가지려고 멀리 여행을 떠났다가 우연히 반려자를 만나 인생이 바뀌는 반전도 있다.

나 홀로 여행하며 길을 걸으면 누구나 사색가가 된다. 독일 하이델베르크에 가면 '철학자의 길(Philosophenweg)'이 있다. 철학자의 길이라고 하는 이유는 괴테, 헤겔, 하이데거 등이 이 길을 걸으며 사색에 잠겼다고 알려졌기 때문이다.

또한 교토에 가면 '철학의 길(哲学の道)'이 있다. 일본의 철학자 '니시다 기타로'가 자주 걸으면서 사색했던 길이라고 한다. 철학의 길옆에는 실개천이 흐르고 물소리와 나무들이 잘 어울려 조용한 명상을 통해 막혔던 생각을 풀어 나가기에 딱 좋은 곳이다.

우리나라에도 철학의 길이 있다. 다산 정약용은 자랑스러운 우리나라의 철학자로 '2012년 유네스코 세계기념인물'로 장 자크 루소와 헤르만 헤세와 함께 선정됐다. 강진 만연산에는 정약용이 유배 생활을 할 때 사색하며 걸었던 '뿌리의 길'이 있다. 만연산에 있는 다산초당을 오르내리는 길로 다산은 강진에 유배를 처음 왔을 때 주막 뒷방에서 4년간 어렵게 생활했으나 백련사 주지 혜장스님을 만나 친분을 쌓고, 그 길을 함께 걸으며 서로의 생각을 나누며 교류하였다.

그리하여 다산은 마음의 안정을 찾고 글공부에 정진하여 많은 저서를 남기게 됐다. 두 사람은 나이가 열 살이나 차이 나고, 신분과 종교가 달랐지만 철학의 길에서는 친구가 되었다. 큰 그릇은 작은 그릇을 만나더라도 부딪히지 않고 작은 그릇을 품는 법이다. 그건 다 사색의 힘이다.

여행은 일상과 다른 새로운 리듬을 만들어내며 시간의 주인은 여행자가 된다. 여행자의 의지대로 시간은 빠르게도, 느리게도 탄력 있게 흐른다. 시간을 창조한다는 건 새로운 세상을 만들어내는 것과 같다. 그래서 여행을 시작하면 누구나 소설가가 된다. 소설이 여행을 만나면 하루가 너무 빨리 지나가고 금세 밤이 된다.

월명동에도 밤이 되면 여행자들은 '소설여행'으로 모여든다. 각자 써온 글을 부끄럽게 프레젠테이션하거나 확 까발리며 웃음꽃을 피운다. 나갔던 길고양이도 저녁을 먹으러 게스트하우스로 모여든다. 월명동은 사람과 사람, 사람과 고양이, 고양이와 사람이 함께 만나는 곳이다.

"고양이와 잘 노는 사람은
누구와도 잘 지낸다."

이방인의 잠자리

여행의 즐거움은 집단의 의무로부터 벗어나 나만의 시간을 갖는 것이며, 일탈이자 새로움의 발견에 있다. 평소와 마찬가지로 여행자의 첫 번째 관심사는 먹는 것과 자는 것이다. 잠자리가 편해야 하루가 편하다는 말이 있듯이 현명한 여행자는 안락한 잠자리를 얻는 데 노력을 아끼지 않는다. 안락함이란 반드시 넓다거나 호화롭다는 게 아니고 자신의 취향과 감성에 맞느냐를 의미한다.

게스트하우스가 밀집한 월명동은 봄이 되면 새로운 이방인들을 맞기 위해 무척 분주해진다. 월명동을 상징하는 '달'이 들어간 상호를 비롯하여 다양한 이름의 숙소가 있다. 외부에서 오는 손님을 따뜻하게 맞이하고 편안한 잠자리를 제공해야겠지만 여행자들은 현지인에겐 이방인이다. 마찬가지로 여행자에게 현지인들도 이방인이다.

이방인은 어디에나 존재한다. 학교에서 친구들과 잘 어울리지 못해 왕따를 당하거나 조직에서 소수 의견을 주장하다 고립되면 이방인의 처지가 된다. 모두가 예스맨인 조직에서 '노오'라고 외치는 사람은 이방인으로 비난받는다. 숨겨진 실체를 까발리는 내부고발자는 더욱 끔찍한 비난 대상자다. 성격상 폐쇄적이거나 남들과 다르게 자기만의 독특한 삶을 추구해도 이방인으로 취급받는다. 궁극적으로 인간은 소통의 부재로 서로에게 이방인이다.

이방인은 포용보다는 제거의 대상으로 간주된다. 부조리 문학을 표방하며 이방인의 등장을 형상화한 작가는 프랑스 작가 '알베르 카뮈'이다. 그가 1942년에 발표한 소설 '이방인'은 남자 주인공 '뫼르소'를 실존주의 시대의 전형적인 인간상으로 그려내고 있다.

선박 중개인 사무실의 직원으로 일하고 있는 뫼르소는 어느 날 양로원에 있는 어머니가 사망하자 장례를 치른다. 그는 별다른 감정의 동요 없이 무덤덤하게 장례를 치르고, 애인을 만나 영화를 보고 해수욕장에 놀러 가고 잠자리도 같이한다.

같은 아파트에 사는 레몽과 친해지면서 그의 변심한 애인을 복수하는 일에 동참하게 된다. 뫼르소와 레몽은 바닷가 해변에 놀러 갔다가 변심한 여자의 오빠인 아랍인 무리와 시비가 붙어 레몽이 칼에 찔리는 사건이 발생한다.

그 후 뫼르소는 다시 해변에 나갔다가 레몽을 칼로 찌른 아랍인과 마주친다. 해변에 한가롭게 누워 있는 아랍인이 칼을 꺼내 만지작거리자 햇빛이 칼에 반사되었고, 불안감을 느낀 뫼르소는 그에게 총 한 발을 쏘고, 곧이어 네 발을 더 쏴서 살해한다.

　뫼르소는 결국 살인죄로 감옥에 갇혀 재판받는다. 하지만 법정의 주요 화제는 아랍인 살해 건이 아니라 어머니 장례에 대한 뫼르소의 태도였다. 뫼르소는 어머니의 죽음을 별로 슬퍼하지 않고 타인을 대하듯 냉담한 태도로 일관했고, 장례가 끝나자 바로 떠났으며, 어머니가 죽은 다음날에 애인과 영화관에 가고, 해수욕장에 놀러 가고, 같이 잤다는 이유로 냉혈한 취급을 받는다.
　그를 옹호하러 나온 이웃 사람들과 애인의 증언은 무시당하거나 역으로 뫼르소에게 불리하게 작용된다. 검사는 범죄가 사전에 계획된 것이고, 시간 간격을 두고 총을 쏜 것은 비인간적이고 비도적적이라고 비난한다. 더욱이 뫼르소는 판사의 질문에 아랍인을 죽일 의도는 없었고, 단지 눈 부신 태양 빛 때문이었다고 말해 청중을 웃게 만든다.

　판사가 하나님을 믿느냐는 물음엔 안 믿는다고 답하고 살인 행위를 후회하느냐고 묻자 후회하기보다는 어떤 지겨움을 느낀다고 말한다. 그렇게 해서 무난하게 풀려나거나 가벼운 형벌을 받게 될 것으로 예상되었던 그는 배심원들의 아무런 동정심도 받지 못하고 무자비하고 계획적인 살해범으로 부풀려져 결국 사형선고를 받는다.
　그 후 뫼르소는 항소를 포기하고 판결에 따라 교도소에서 사형 집행일만 기다린다. 오늘날 같으면 유명한 로펌을 찾거나 실력 있는 변호사를 사서 감형을 받기 위해 발악하겠지만 그는 별로 적극적으로 살

의지가 없어 보인다. 더욱이 그는 교도소 부속 신부의 면회를 거절하고 사형집행 전에 부속 신부가 찾아와 그에게 죄를 털어놓을 것을 권하지만 그는 신부의 위선적인 면을 꾸짖고 자신의 죽음이야말로 진실하고, 그것이 자신의 삶을 증명한다며 거부한다.

그에게 인생은 살만한 가치가 없다. 젊은 나이에 죽으나 늙어서 죽으나, 사람이 죽는 이상 언제 어떻게 죽느냐는 중요하지 않다. 삶은 무의미하고 차라리 죽는 게 낫다. 어떤 일을 한들 아무런 소용이 없고, 현재의 즐거움도 아무런 의미가 없다. 그는 신부에게 하나님을 믿지 않는다고 말한다. 죽음이란 단지 무섭고 자연스러운 일일 뿐이다.

다른 사람들의 죽음이나 어머니의 사랑 같은 것들이 뭐가 중요하단 말인가? 당신의 하나님, 사람들이 선택하는 삶과 운명 그런 게 다 무슨 소용이란 말인가? 오직 하나의 숙명만이 나를 선택하고, 오직 하나의 숙명만이 당신들같이 나의 형제라는 호칭을 쓸, 수많은 수혜자를 선택하도록 되어 있는 것이다.

뫼르소는 새로운 유형의 인간이다. 당시의 일반적인 상식이나 규범과 다르게 자신의 독자적인 가치와 진실을 추구한다. 그의 행동은 이방인으로 간주되어 배척당하고 고립과 소외감을 불러일으킨다. 하지만 그는 자신만의 길을 가기 때문에 훨씬 더 자유로움을 느낀다.

나는 이것은 하고 저것은 하지 않았다. 어떤 일을 하지 않는 대신

다른 일은 했다. 그래서 어쨌단 말이냐? 나는 마치 내 정당함이 인정될 이 새벽을 이제껏 기다리며 살아온 것 같다.

우린 저마다 자신의 독자성을 지닌 채 살아간다. 다가올 미래형 인간을 그린 카뮈의 예감대로 오늘날은 뫼르소 같은 실존적 인물이 사방에 넘쳐난다. 언제 어디서나 이방인을 따뜻하게 맞아주고 쉴만한 잠자리를 제공하는 건 이 세상의 의무가 되었다.

월명동의 달을 떠올리게 하는 게스트하우스 '달'엔 터줏대감처럼 자리를 지키고 있는 두 마리의 고양이가 있다. 이방인으로 돌아다니다가 주인의 배려로 이젠 아예 제 집인 양 붙박이가 된 것 같다. 둘은 한 가족처럼 어딘지 모르게 닮아 보인다. 아무 걱정 근심 없이 편히 자는 모습은 보는 것만으로 행복하다.

"관계가 작아지면 외로움은 커진다."

게스트하우스 달

오월과 유월

각자의 사연

　사람은 누구에게나 사연이 있다. 남 앞에서 쉽게 밝힐 수 있는 별일 아닌 것도 있고, 끝까지 숨기고 가야할 말 못할 사정도 있다. 하지만 말을 하지 않으면 알 수 없기에 사람들은 대부분 드러난 사실만 보고 쉽게 판단하거나 오해를 하는 경우가 많다. 그러다 나중에 그 사연이 드러나면 엄청 당황하고 미안해서 몸 둘 바를 모를 때가 있다. 그래서 다른 사람을 함부로 단정 지어선 안 된다.

　2년 전에 제주도로 친구들과 여행을 갔을 때의 일이다. 당시 마침 무료로 쓸 수 있는 숙소가 하나 생겨서 함께 가겠다는 친구가 처음엔 5명이 되었다. 그런데 출발 3일 전에 한 친구는 딸과 관련된 문제로 갑자기 못 간다고 했고, 출발 하루 전엔 또 한 친구는 갑자기 몸이 아파서 못 간다는 연락이 왔다. 나머지 친구들은 기대가 한순간에 와르르 무너져 내리고 실망이 컸다. 나도 서운한 마음에 친구들 단톡에 원망의 글을 올렸다.

여행 첫날, 갑자기 광주 사는 친구가 다음날에 합류한다고 하는 바람에 제주도 첫날은 나머지 한 친구와 단둘이 만나 소주잔을 기울이며 서운함을 달랬다. 다음날은 광주의 친구도 합류하여 동행하였고, 조촐했지만 나름 즐겁게 여행을 마무리하였다.

나중에 안 일이지만 같이 못 간 친구 한 명은 여행 가기가 부담스러운 정도로 경제적으로 어려운 상태에 있었고, 또 한 친구는 정말 감염병에 걸렸다. 그들의 사정을 자세히 알아보기도 전에 원망하고 화를 냈던 나 자신이 부끄러웠다.

또 고등학교 교사로 근무할 때의 일이다. 재학 중에 방송활동을 하는 학생이 있었다. 지금은 유명한 배우가 되었지만 당시엔 연예 활동을 하느라 학교를 제대로 못 나왔고, 그래서 출석을 인정받을 수 있는 서류를 내라고 했는데 제때 내지를 않아, 난 학생들 모두 있는 교실에서 좀 심하게 나무랐다.

그 학생은 그때 많이 서운했을지 모른다. 하지만 내 속마음은 그 학생에게만 특혜를 주는 듯한 느낌을 다른 학생들에게 주지 않으려는 의도로 일부로 그랬던 것이다. 그 학생은 무사히 졸업하였고, 그 후엔 거의 연락이 없었다.

시간이 많이 흐른 후 그 학생은 유명한 배우가 되어 방송촬영을 위해 학교에 찾아왔다. 그때 난 그 일을 이야기할까 하다가 하지 못했다. 굳이 내가 말을 하지 않아도 언젠가 내 맘을 이해하겠지 했다. 하지만 아직도 그 학생은 그 일이 앙금이 되어 있을지 모른다.

우리 주변을 돌아보면 여러 가지 이유로 비난받는 사람들이 있다. 중요한 위치에 있다가 갑자기 모임을 떠나버린 사람, 친구들과 약속을 저버리는 사람, 어느 날 갑자기 이별을 통보하고 떠나버린 연인, 그동안 지녀 온 신념과 가치관을 버리고 돌변하는 사람, 힘 있는 사람 옆에 붙어 부역자 행세를 하는 사람… 살다 보면 먹고사는 일이 급하다 보니 수많은 덫이 있고, 그게 발목을 잡아 양심을 버리는 일도 생긴다. 하지만 그들에게도 차마 말 못할 사정이 있었을 것이다.

월명동에는 '사연'이란 이름을 가진 길고양이가 있다. 어느 가게 주인이 붙여준 이름이며, 그 가게 이름은 '자주적 관람'이다. 자주적 관람이라니… 가게 이름이 좀 독특하다. 강요에 의하지 않고 자유로운 의지로 관람하는 곳이라는 뜻일까? 눈에 띄는 간판이나 장식이 거의 없이 손님이 오든 말든 전혀 신경 쓰지 않는 걸로 봐서 가게 주인은 꼭 고양이 같은 사람이리라. 그 가게는 호객하는 느낌이 전혀 없어서 눈여겨 자세히 봐야 상가임을 알 수 있는 곳이다. 나도 몇 개월 동안 가게인지도 모르게 그냥 지나쳤으니까.

앞쪽이 사연이 뒤쪽이 늠름이 　　　아파트 조형물에 올라가 있는 늠름이

그 대신 가게 앞에는 사연이와 늠름이가 손님을 끌어모으고 있다. 앞에 있는 애가 사연이, 뒤에 갈색 아이가 늠름이다. 늠름이는 내가 붙여준 이름이다. 무슨 사연이 있어서 그렇게 '사연'이란 이름을 지었는지 살짝 궁금해진다.

이들은 원래 길고양이로 여기저기 돌아다니다 우연히 친절한 주인을 만나 함께 살고 있다. 가게 외벽에 있는 아담한 집도 주인이 만들어준 것이다. 이들은 가게 안팎에서 느긋하게 노닐다가 언제든 나가고 싶으면 나가고, 들어오고 싶으면 들어오는 자주적 자유를 누리고 있다.

"자유로운 영혼이란
이 세상을 소풍 온 것처럼 목적 없이 노니는 것이다."

두 번 맞는 크리스마스

월명동 사람들은 1년에 크리스마스를 두 번 맞는다. 12월에 한 번, 8월에 한 번… 그건 영화 '8월의 크리스마스' 때문이다. 한석규와 심은하가 주연한 영화 '8월의 크리스마스' 촬영지였던 초원사진관은 원래 실제 사진관이 아니라 영화 촬영 때 잠시 세트로 사용했던 곳인데 촬영이 끝나고 영화 속 장면대로 복원되어 현재는 월명동 중심 거리의 관광명소가 되었다. 주말이나 공휴일이면 이곳은 사진 찍는 사람들로 붐비고, 그 옆에선 관광객을 위해 가끔 거리공연이 이루어진다.

'8월의 크리스마스'는 1998년에 개봉되었고. 애틋한 줄거리와 당시 청순한 이미지의 심은하와 한석규의 진솔한 내면 연기로 호평을 받은 영화다.

아버지를 모시며 시한부 인생을 살아가고 있는 주인공 정원은 초원사진관을 운영하며 하루하루 살아가고 있다. 그는 죽음을 앞둔 시한부 삶을 살고 있지만 아무에게도 내색하지 않고 밝게 생활한다.

초원사진관 외부.
정원과 다림이 함께 타던 스쿠터가 놓여 있다.

초원사진관 내부

8월 어느 날, 동네에서 주차단속을 하던 다림이 사진관으로 들어와 사진을 급히 인화해 달라고 한다. 이때부터 다림은 초원사진관의 단골이 되어 자주 찾아온다. 다림은 항상 웃는 얼굴로 친절하게 대하는 정원에게 호감을 느끼고는 아저씨라고 부르며 편하게 접근한다. 다림이 정원에게 왜 결혼하지 않았냐고 묻자 정원은 '바빠서'라고 답하고, 사는 게 즐겁냐는 물음엔 '그냥'이라고 답하며 웃는다.

그 후 정원의 스쿠터는 둘 사이를 가깝게 만든다. 정원은 거리에서 우연히 만난 다림을 스쿠터 뒤에 태우고 신나게 달린다. 며칠 뒤 비 오는 날, 고장 난 스쿠터를 고치기 위해 가게에 있는 정원을 발견한 다림은 그를 사진관 앞까지 우산을 씌워주며 바래다준다. 우산을 씌어주느라 다림의 한쪽 어깨는 비에 젖고, 정원은 손수건을 건네주면서 둘은 가까이 붙는다. 다림은 우산을 씌워준 대가로 저녁에 술을 사달라고 한다. 하지만 약속한 저녁에 다림은 나타나지 않는다. 기다리던 사람은 오지 않고 하염없이 내리는 비는 더욱 쓸쓸함을 더해준다.

며칠 후 사진관에 나타난 다림은 그냥 오기 싫어서 안 왔다고 말하고 일하러 간다며 쌩 가버린다. 며칠 후 예쁘게 화장한 다림은 미안한 듯 캔맥주를 사가지고 사진관에 나타난다. 기분이 좋아진 다림은 놀이공원에 같이 가자고 한다. 놀이공원은 남녀가 가장 빠르게 친해질 수 있는 지름길이다. 둘은 놀이공원을 다녀온 뒤 동네에 있는 학교 운동장에서 뜀박질한다. 이윽고 밤이 되어 집으로 돌아가는 길에 다림은 살며시 정원의 팔짱을 끼고 걷는다. 둘 사이는 더욱 가까워진 듯⋯ 하지만 정원은 다림이 사랑스럽지만 자신은 곧 죽을 사람이기 때문에 온전히 마음을 주지 못한다.

며칠 뒤 정원은 혼자 있는 방에서 웃음 뒤에 감춰진 자신의 처지를 슬퍼하며 서럽게 운다. 그걸 옆에서 바라보는 아버지의 모습이 겹쳐 더욱 애처롭게 보인다.

어느덧 낙엽이 뒹구는 가을, 상태가 악화된 정원은 쓰러져 병원에 입원한다. 그 사실을 모르는 다림은 평소처럼 사진관에 찾아오지만 문은 닫혀 있고 아무도 없자 편지를 써서 사진관 문틈에 꽂아둔다. 며칠 후 다림은 사진관을 다시 찾아갔으나 여전히 문은 닫혀 있고, 편지도 문틈에 그대로 있다. 그 후, 다림은 직장 동료들과 나이트클럽에 갔지만 정원 생각에 마음이 편치 않아 도중에 화장실에 가서 거울을 보고 운다.

여전히 닫혀 있는 사진관… 기다림에 지쳐 화가 난 다림은 밤중에 찾아와 사진관에 돌을 던져 유리를 깨버린다.

얼마 후 병원에서 퇴원한 정원은 그때서야 다림이 쓴 편지를 읽고 답장을 쓴다. 다림이 서울로 전근 간 것을 알게 된 정원은 서울로 올라가 성북구청 근처에서 다림을 찾는다. 다림이 자주 다닌다는 골목의 작은 카페에서 기다리던 정원은 창문 너머로 주차단속을 하는 다림을 발견했으나 바라만 보다가 그냥 돌아온다. 이제 얼마 남지 않은 삶으로 그녀 앞에 나타나 그녀를 속박하고 싶지 않았던 것이다.

다림의 주차단속 차량

며칠 후 정원은 사진관에서 앨범을 펼치며 지난 추억을 회상한다. 다림에게 쓴 편지는 차마 부치지 않고 그냥 책 사이에 끼워둔다. 그리고 죽음을 예감하며 셀카 사진을 찍는 정원, 그 사진은 장례식장 사진으로 바뀐다.

정원이 죽은 후 때는 겨울로 바뀐다. 정원과 다림이 함께 뛰었던 학교 운동장엔 하염없이 눈이 내리고, 초원사진관은 정원의 아버지에 의해 운영된다. 정원의 아버지가 사진관을 비운 사이에 검은 옷을 차려입은 다림이 사진관에 찾아온다. 사진관엔 정원은 없지만 그와의 추억만은 서려 있다. 그녀는 사진관 진열대에 걸린 자신의 사진을 보고 미소를 지으면서 돌아서고, 정원의 편지가 음성으로 들려온다.

내 기억 속의 무수한 사진들처럼 사랑은 언젠가 추억으로 그친다는 걸 난 알고 있었습니다. 하지만 당신만은 추억이 되질 않았습니다. 사랑을 간직한 채 떠날 수 있게 해준 당신께 고맙다는 말을 남깁니다.

사랑한다는 말도 못하고, 차마 부치지 못한 그의 편지는 우리 가슴을 먹먹하게 만든다. 자신의 슬픔을 감추고 항상 웃어주는 모습, 나의 행복보다 상대의 행복을 빌어주는 마음… 진정한 사랑은 자신의 욕심보다 상대가 원하는 것을 해주는 것이라고 했던가. 그렇게 살다 간 정원의 모습은 따뜻함과 슬픔이 함께 묻어나며 우릴 감동시킨다.

20년 넘게 지난 영화지만 마치 어린 시절 책 속에 꽂아둔 낙엽을 발견하는 것처럼 영화를 보고 나서 초원사진관 앞에 서 보라. 아마 느낌이 다를 것이다.

정원과 다림이 함께 다녔던 거리엔
도처에 사랑의 흔적이 남아 있다.

왜 하필 제목이 '8월의 크리스마스'일까? 일본의 작가 무라카미 하루키의 에세이에도 '8월의 크리스마스'가 나온다. 우연의 일치였을까… 말해야 할 때, 행동해야 할 때 그 적절한 시기를 놓치면 시간이 흐른 후 항상 후회로 남는다.

하루키는 에세이에서, 여름 무더위가 한창 기승을 부리는 8월 세일 기간에, 중고 가게에서 크리스마스 레코드를 미리 사준 덕에 귀한 레코드를 소장할 수 있었고, 여름에 뿌려놓은 씨앗이 착실히 성장하여 슬슬 거리에 크리스마스 분위기가 흐르기 시작할 무렵, 그의 집 레코드 선반에서는 프랭크 시내트라(Frank Sinatra)와 패티 페이지(Patti Page)와 쳇 앳킨스(Chet Atkins)가 지긋하게 차례를 기다리고 있다는 기쁨의 소회를 전하고 있다.

여름에 시작한 사랑은 겨울까지 이어진다. 사랑하는 사람이 눈에는 보이지 않지만 가슴에 계속 남는다는 건 크리스마스를 맞는 것처럼 설레는 일이다. 사랑하는 사람들의 하루는 매일 크리스마스를 맞는 것처럼 가슴 뛰는 일이다.

마리서사(茉莉書肆)

나의 젊은 시절, 연인과 함께 걷는 다리 밑은 항상 미라보 다리 아래 세느강이었다. 볼품없는 도시의 하천이든, 어느 여행길의 이름 모를 강이든 보이는 다리 아래는 낭만이 흐르고 있었다.

미라보 다리 아래 세느강은 흐르고
우리들의 사랑도 흘러간다
내 마음 깊이 아로 새기리라
기쁨은 언젠가 고통 뒤에 오는 것을
밤이여 오라, 종이여 울려라
세월이 흐르고 나는 남아 있다

1950년대 후기 한국 모더니즘을 대표하는 시인 박인환의 마지막

시로 알려진 '세월이 가면'이 프랑스 시인 '기욤 아폴리네르(Gillaume Apollinaire)'의 시 '미라보 다리(Le pont Mirabeau)'와 분위기가 유사한 것은 어쩌면 우연일까….

박인환이 1945년도에 서울 종로에서 운영하던 문학과 예술 전문 서점 '마리서사'가 월명동에도 있다. 1920년대 일제 강점기에 건립된 적산가옥을 개조하여 만든 마리서사는 오랫동안 월명동을 지키는 터줏대감이다. 한적한 동네에서도 서점이 될까 하는 염려심에 난 가끔 문을 열고 들어가 책을 산다. 몇몇 책엔 깨알 같은 글씨로 간략한 서평이 쓰인 포스트잇이 붙어 있고, 인적이 드문 밤에도 불이 켜져 있는 걸 보면 서점을 살리려는 책방지기의 끈질긴 의지가 느껴진다.

마리서사의 마리는 당시 기욤 아폴리네르의 연인이었던 '마리 로랑생(Marie Laurencin)' 이름에서 따왔다는 게 유력하다. 박인환은 평소 미라보 다리를 좋아했던 모양이다. 미라보 다리는 프랑스 파리 세느강에 있는 다리이며, 아폴리네르는 마리와 헤어지고 난 뒤, 미라보 다리에서 세느강을 바라보며 이별의 아픔을 노래하였다.

박인환이 자주 드나들던 술집 '은성'에서 지었다던 '세월이 가면'에는 재밌는 일화가 있다. 당시 문인들이 즐겨 찾던 명동의 대폿집 은성에서 극작가인 이진섭, 백치 아다다 노래로 유명한 나애심이 같이 술을 마시던 중 박인환이 쓴 시에 이진섭이 즉석에서 곡을 붙이고, 이어서 나애심이 바로 불러 흥을 돋았다. 나애심이 먼저 술자리에서 떠난 뒤, 나중에 온 테너 임만섭이 그 악보를 보고 다시 노래를 불렀고, 주위에 있던 사람들이 그 가게로 몰려와 노래를 감상했다고 한다.

지금 그 사람 이름은 잊었지만
그 눈동자 입술은
내 가슴에 있네
바람이 불고
비가 올 때도
나는 저 유리창 밖 가로등
그늘의 밤을 잊지 못하지
사랑은 가고 옛날은 남는 것
여름날의 호숫가, 가을의 공원
그 벤치 위에
나뭇잎은 떨어지고,
나뭇잎은 흙이 되고
나뭇잎에 덮여서
우리들 사랑이
사라진다 해도
지금 그 사람 이름은 잊었지만
그 눈동자 입술은
내 가슴에 있네
내 서늘한 가슴에 있네

이 시 또한 박인환이 사랑하던 여인이 죽고 난 후 이별의 아픔을 노래한 것으로 뭔가 미라보 다리와 통하는 데가 있다.

마리서사의 '서사'는 책방이란 뜻이다. 마리서사는 당시 박인환이 책을 팔기 위한 목적보다는 김수영, 김광균, 김기림 등과 같은 시인, 예술가들의 아지트이자 사랑방이었다. 혹자는 이 공간이 예술가들의 쉼터이자 자유공간이며, 프랑스 파리의 몽마르뜨 언덕과 같은 곳이었다고 평하기도 한다.

아무튼 당시 문인들은 마리서사에 모여 문학을 논하고, 시를 짓고, 세상 돌아가는 얘기를 하다가 술집으로 계속 이어져 인생을 안주 삼아 결판지게 놀았다. 그러나 마리서사는 오래 가지 못했고, 박인환은 서점을 그만두고 신문기자로 잠시 일했다. 6·25전쟁이 일어나자 육군 소속 종군 작가단에 참여했고, 피난지 부산에서 김규동, 이봉래 등과 '후반기' 동인으로 활동했다. 1955년 대한해운공사에서 일하면서 미국에 다녀왔으며, 이듬해인 1956년, 소설가 '이상'의 기일을 기념한다고 3일간 폭음한 탓에 결국 그해 3월 20일 서울 종로구 세종로 자택에서 급성 알코올 중독성 심장마비로 30세의 나이로 요절했다.

훤칠한 키에 용모가 수려한 박인환은 당대 문인 중에서 최고의 멋쟁이였다. 서구 취향에 도시적 감성으로 세련된 그는 정장과 바바리코트를 즐겨 입는 패셔니스트였고, 위스키 조니워커와 카멜 담배를 좋아한 로맨티스트로 주변 여자들에게도 인기가 상당했다. 박인환의 장례식에 온 동료 문인들이 그의 관에 조니워커 위스키와 카멜 담배를 넣어주었다는 일화도 전해진다.

'풀이 눕는다'라는 유명한 시를 남긴 김수영은 당시 마리서사에 드나들던 문인 중 한 명으로 첨엔 문학의 동지이자 막역한 친구 사이로 가까이 지냈으나 시간이 흐르면서 사이가 멀어진다. 문학을 대하는 관점과 성향의 차이 탓으로 추측된다. 김수영에게 박인환은 서양적인 것이라면 마냥 숭배하고, 값싼 유행과 겉멋에 쏠리는 경박한 사람으로 보였을 것이고, 박인환에게 김수영은 세속적인 눈치만 보는 속 좁은 속물로 보였을 것이다. 아니면 친구들 사이에 흔히 있는 시기와 질투에서 비롯된 문제였을 수도 있다.

시인은 한곳에만 머물지 않고 외롭게 방랑하는 자유인이라고 한다. 박인환은 작가의 시대정신이 없다고 보는 견해도 있지만 그는 단지 서정적인 시나 쓰는 감상적인 시인이 아니라 당시 현실 문제에 참여하면서도 항상 유유자적하는 마음의 여유를 갖고 있었다. 그는 한곳에 치우치거나 고고한 척하지 않고 그저 세속적으로 사는 멋이 있었다.

모든 것이 떠나든 죽든

그저 가슴에 남은 희미한 의식을 붙잡고

우리는 버지니아 울프의 서러운 이야기를 들어야 한다

두 개의 바위틈을 지나 청춘(靑春)을 찾은 뱀과 같이

눈을 뜨고 한 잔의 술을 마셔야 한다

인생은 외롭지도 않고

그저 잡지(雜誌)의 표지처럼 통속(通俗)하거늘

대학 시절 음악다방에서 가수 박인희의 목소리로 귀에 박히도록 들었던 목마와 숙녀… 인생이 잡지의 표지처럼 통속적인 것처럼 누구나 사람은 고상한 존재가 아니라 하찮은 욕망에 따라 사는 저속한 속물이고, 서로 지지고 볶고 부대끼며 사는 것이니 우리 서로에게 '하늘을 우러러 한 점 부끄럼이 없음'을 너무 강요하지 말자.

늦은 저녁까지 문을 열고 있는 마리서사를 보면 좀처럼 책을 읽지 않는 시대에 흔들림 없이 꿋꿋이 서 있는 묵직한 나무와 같다. 눈치 보거나 그냥 지나치지 말고 바람처럼 거침없이 문을 열고 들어오라.

"인생은 외롭지도 않고 잡지의 표지처럼 통속합니다."

밤늦게까지 불을 밝히는 있는 마리서사.

잠언(箴言)

 잠언이란 훈계가 되는 짧은 말을 뜻한다. 잠(箴)은 뭔가 찌른다는 의미로 잠언은 귀에 듣기 좋은 달콤한 말이 아니라 가슴을 찌르는 말, 건강에 좋은 쓴 약과 같은 말이다. 간혹 잔소리 정도로 들릴지 모르지만 세월의 갖은 풍파를 겪고 난 후 걸러지고 걸러져 남은 삶의 지혜가 담긴 정수(精髓)다. 그래서 나이를 먹으면 누구나 하나쯤 자신의 잠언을 갖게 된다.

 월명동 거리엔 대중적이라고 할 수 없는 묵직한 타이틀로 '잠언'이라는 이름을 내건 카페가 있다. 그 앞에는 가끔 고양이 두 마리가 다정하게 앉아 있는 게 눈에 띈다. 아마도 카페 주인이 친절하게 매 끼니 식사를 제공한 탓에 고양이들에겐 편안한 쉼터로 느껴지는 것 같다.
 잠언은 구약성서의 한 부분으로 그 제목을 카페 이름으로 정한 건

신앙 때문이라고 한다. 간판에 보이는 잠언 16장 3절을 찾아보면 '너의 행사를 여호와께 맡기라. 그리하면 네가 경영하는 것이 이루어지리라'라는 구절이 나온다.

잠언 하면 먼저 떠오르는 건 솔로몬이다. 솔로몬은 현명하게 나라를 다스렸고, 백성들의 송사를 지혜롭게 판결했다. '솔로몬의 지혜'라는 고사성어를 남기고, '지혜의 왕'이라 불린 그는 구약성경 중 잠언, 전도서, 아가서 그리고 시편 중에서 72편과 127편을 썼다. 특히 솔로몬의 재판은 시대와 지역을 뛰어넘어 많은 이들에게 지혜로운 재판의 상징으로 기억되고 있다.

구약성서의 열왕기(列王記)에는 한집에 사는 두 여자의 친자확인 소송에 대한 솔로몬의 재판 내용이 나온다. 소송이 붙은 두 여자는 3일 간격으로 사내아이를 출산했다. 그런데 고소당한 피고인 여자는 자신의 아기를 압사시키고 사건을 은폐하기 위해 죽은 자기 아이를 고소인의 아이와 바꿔치기했다. 다음날 아침 고소한 여자가 자기 아이에게 수유하려고 보니 자기 아들이 아니었던 것이다.

재판에 나온 두 여자는 솔로몬 왕 앞에서 살아있는 아이가 자기 아들이라고 주장하였다. 아무런 물증이나 증인이 없다 보니 솔로몬은 잠시 고민하다가 아주 명쾌한 결론을 내린다. 다름 아닌 아이를 둘로 잘라 두 여자에게 반씩 나누어주라고 판결한 것이다. 그러자 고소인은 아이의 생명을 지키기 위해 양육권을 포기한다. 모성애를 시험하기 위한 재치 있는 판결을 통해 고소인의 행위는 그녀가 진짜 어머니라는 결정적 증거가 되었다.

이 솔로몬의 재판을 각색하여 독일 작가인 브레히트는 '코카서스의 백묵원'이라는 유명한 연극 작품을 남겼다. 이 극 속에선 판사 아츠닥을 통해 솔로몬의 재판이 재연된다.

제정 러시아 시대 그루지아 지방의 누카시에 살고 있는 그루셰는 당시 총독의 하녀로 병사 시몬 샤샤바와 약혼한다. 곧이어 민중의 반란이 일어나 총독은 처형되고, 총독 부인은 자신만 살기 위해 아들인 미헬을 버리고 도주한다. 그루셰도 따라서 도망가다가 궁정으로 돌아와 혼자 남겨진 미헬을 마주치자 차마 외면하지 못하고 함께 데리고 북쪽 산악지대로 도주한다.

병사들과 영주는 총독의 아이를 죽이기 위해 추격을 한다. 그루셰는 모든 위험을 감수하고 미헬의 엄마가 되기로 작정하고 어느 농부와 형식상의 결혼을 하고 아이를 숨기고 살아간다. 하지만 징집을 피하기 위해서 병자 행색을 하고 있었던 이 농부는 전쟁이 끝나자 남편의 권리를 주장하며 이혼을 해주지 않는다.

또한 약혼자 시몬은 그루셰를 찾아왔다가 이런 상황을 오해하고 결별하려고 한다. 난리가 끝나고 총독 부인은 다시 돌아와 잃어버린 아이를 다시 찾고자 하여 아이의 소유권에 대한 재판이 벌어진다. 재판관인 아츠닥은 총독 부인과 그루셰의 주장을 듣고 난 뒤, 하얀 동그라미 안에 아이를 세우고 두 여자에게 아이를 양쪽에서 잡아당기라고 명령을 내린다. 총독 부인은 잽싸게 끌어당기지만, 그루셰는 아이의 안전을 위하여 아이의 손을 놓아버린다. 그러자 아츠닥은 그루셰가 진정한 모성애를 간직한 어머니라고 판결한다. 그루셰는 그 판결로 아이를 얻게 되고, 시몬과도 결혼할 수 있게 된다.

죽고 사는 문제보다 더 급하고 중요한 건 없다.

귀한 목숨을 두고 거래와 명분이 무슨 의미가 있는가.

누가 먼저 손을 놓을 것인가?

현명한 사람은 일단 생명부터 살리고 본다.

아무도 날 찾지 않는…

낙엽이 떨어지는 가을날, 월명동 거리에 홀로 서 있는 공중전화 박스는 마치 산장의 여인과 같다. '산장의 여인'은 1957년에 발표된 대중가요로 어렸을 때 라디오를 통해 많이 들었던 애처로운 느낌의 곡이다.

아무도 날 찾는 이 없는 외로운 이 산장에
단풍잎만 차곡차곡 떨어져 쌓여 있네
세상에 버림받고 사랑마저 물리친 몸
병들어 쓰라린 가슴을 부여안고
나 홀로 재생의 길 찾으며 외로이 걸어가네

한때 아날로그 시대에 화려하게 각광을 받던 공중전화기가 왜 이젠 외로운 산장의 여인처럼 취급받는 걸까. 내가 고등학교 다닐 때만 해도 전화기가 있는 집이 많지 않았다. 그래서 공중전화기마다 사람들의 줄이 길게 늘어서 있었고, 공중전화기는 쉽게 만나기 힘든 연예계 스타와 같았다.

앞선 사람의 통화가 조금이라도 길어지면 기다리던 사람들의 불평불만이 터져 나왔고, 급기야 싸움이 종종 벌어졌다.

밤늦도록 아무도 찾는 이 없는 공중전화기

공중전화 박스는 갑자기 소나기가 쏟아지면 임시 대피소가 되었고, 햇볕이 뜨거운 여름엔 그늘막이 되어주었으며, 통행금지가 있던 때는 시간이 늦어 공중전화 박스에서 밤을 새우거나 과음한 술꾼들의 오바이트 명소였다. 동전을 계속 집어넣어야 통화가 됐기 때문에 동전 떨어지는 찰각 소리는 심장을 철렁이게 했다.

집집마다 어느 정도 전화기가 많이 보급되자 삐삐가 한때 유행하더니 점차 개인 휴대폰이 등장했다. 휴대폰이 처음 나올 때는 마치 무전기처럼 큼지막해서 지금 생각하면 웃음이 나온다. 자본의 특성상 경제는 매년 성장해야 하고, 계속 새로운 제품을 개발하고 광고를 입혀야 상품이 팔리다 보니 시대에 뒤처진 물품은 천덕꾸러기가 된다. 굴러온 돌이 박힌 돌을 빼내는 것처럼 핸드폰에 밀려 공중전화기는 지금은 아무도 찾는 이 없는 산장의 여인 신세가 된 것이다.

지금은 디지털의 황금시대로 초등학생부터 고령자까지 핸드폰을 거의 모두 한 대씩 가지고 있으니 물질문명과 자본주의의 승리다. 하지만 핸드폰이 대중화된 뒤로 사람들은 전화번호를 외우지 못한다. 핸드폰에 다 저장되어 있어 외울 필요가 없다 보니 기억력이 점차 퇴화된다.

옛날엔 중요한 번호는 어떻게 해서든 외우고 다녔고, 아는 번호는 수첩에 빽빽이 적어두었다가 해가 바뀌면 정리할 관계는 지우고 새로운 인연을 끼워 넣는 신선함이 있었다. 만일 수첩을 잃어버리면 공들여 쌓아둔 인간관계가 한순간에 날아가 버리는 황당한 경우도 종종 있었으니 전화번호는 많이 기억할수록 사교의 유용한 도구가 되었던 시절이었다.

한쪽에 처박혀 관심 밖의 그늘로 밀려난 공중전화기가 디지털 시대에도 빛을 발할 때가 있다. 갑자기 핸드폰을 잃어버려서 급히 연락한다든가, 이별을 통보한 연인이 전화를 받지 않고 수신 거부 중일 때, 또한 익명으로 전화할 필요가 있을 땐 오랜 가뭄에 내리는 단비와 같다.

한동안 잊고 살다가 문득 생각나는 사람, 정말 누군가 필요할 때 옆에 있어 주는 사람, 비가 오나 눈이 오나 항상 그 자리를 지키고 있는 사람, 세상이 너무 빠르게 변해가는 불확실한 시대에 오히려 공중전화기 같은 사람이 진국이다.

때론 다수보다 소수가 빛날 때가 있다. 잘 나가는 사람보다 뒤처져 있는 사람, 사람들 틈에 잘 끼지 못하고 항상 겉도는 사람, 사람들이 잘 찾지 않는 외로운 사람에게 전화 한 통… 그때 공중전화 박스에 가면 가슴 뛰는 소리가 울린다.

내 마음의 보물상자

쌀쌀한 바람이 불고, 겨울이 가까울수록 커피 맛은 진가를 발휘한다.

"당신은 천사와 커피를 마셔 본 적이 있습니까?"

호소력 짙은 가수 김성호의 목소리를 배경으로 커피를 마신다면 분위기는 절정을 달한다. 한때 난 연극작업을 왕성히 할 무렵엔 믹스커피를 손에 달고 살았다. 새로운 창조물을 만들어내는 데 따른 두려움과 압박감은 수시로 달달함을 소환했다. 하지만 그로 인해 위장이 탈이 나 해마다 병원 신세를 지다 보니 믹스커피의 대안으로 작년부턴 드립커피를 찾게 되었다. 아무래도 설탕과 크림이 빠지고 한 번 거르다 보면 건강에 더 좋을 거라는 계산에서였다.

드립커피란 분쇄한 커피원두를 거름망을 장치한 깔때기(Dripper)

에 담고, 온수를 통과시켜 추출하는 커피다. 필터를 받칠 수 있는 받침대를 컵 위에 설치하고, 뜨거운 물을 그 위에 붓는다. 그 뜨거운 물이 바로 컵으로 드립된다. 직접 손으로 뜨거운 물을 부어서 만드는 드립커피를 핸드드립 혹은 핸드드립 커피라고 한다. 거름종이를 받치는 장치를 드리퍼라고 일컬으며, 드리퍼를 받치며 내려진 커피를 담는 주전자를 서버라고 일컫는다.

카페에서 사람들이 주로 많이 먹는 아메리카노 커피는 원래 이탈리아에서 시작되었다고 한다. 제2차 세계대전 당시, 이탈리아에 주둔하던 미국 군인들이 이탈리아의 진한 에스프레소가 너무 강하다고 느껴 물을 타서 마신 것이 그 시작이었고, 그래서 '아메리칸 스타일'로 커피를 마신다는 의미에서 아메리카노라는 이름이 붙게 되었다.

우리나라에 아메리카노가 도입된 이래 에스프레소의 진한 맛을 물로 희석시켜 부드럽고 깔끔한 맛으로 어느 카페에서나 일정한 품질을 유지하여, 많은 이들에게 사랑받는 가장 대중적인 커피가 되었다.

드립커피는 아메리카노 커피와 비교하면 필터에 통과시킨다는 점이 다르다. 때문에 미분과 유분이 걸러지고, 같은 농도의 아메리카노와 식감에서 차이가 있고, 카페인이 줄어들어 건강을 생각하는 매니아들이 많이 찾는 커피다.

월명동엔 드립커피를 파는 독특한 카페가 있다. 그곳은 특별히 씨앗호떡을 곁들여 파는 까닭에 출출함을 때울 겸 사람들이 많이 찾는다. 가격도 드립커피 한 잔에 2,500원으로 저렴하게 먹을 수 있어 부담이 없고, 무엇보다 이 카페를 운영하는 젊은 여사장님의 밝고 쾌활함이 설탕보다 감미롭다.

카페와 들어서면 잡다한 소품이 놓여 있지만 내 눈에 가장 눈에 띄는 것은 신간 서적이 담긴 낡은 가방이다. 함석 재질로 만든 세월의 흔

적이 가득한 복고풍 가방이다. 사장님은 평소 독서를 좋아해서 자주 책을 구입해 읽고 그 가방에 놔둔다고 한다.

보물상자

카페 안의 많은 물건 중에 나는 그 가방이 이 가게의 보물이라고 생각한다. 거기에 돈이나 황금이 들어 있다면 견물생심(見物生心)으로 순간 도둑이 될 수 있고, 사과나 과자가 들어 있다면 누군가 먹어 치우고 금세 없어질 것이다.

하지만 책은 세월이 지나도 낡아질 뿐 없어지지 않고 삶의 깨달음과 마음의 양식을 제공하니 이보다 더 귀한 보물이 어디 있을까. 사장님의 깊은 안목과 센스에 살짝 마음이 흔들린다.

"어느 누구도 훔쳐 갈 수 없는 당신의 보물은 어디에 있나요?"

빛이 하는 일

어느 시인이 그랬다. 햇살은 가장 따순 이불 한 채라고… 눈이 내리지 않는 겨울에 간간이 내비치는 따스한 햇빛은 빛의 고마움을 느끼게 해준다. 식물은 빛을 통해 광합성 작용을 일으켜 식물의 성장을 촉진하고 생태계를 유지한다. 광합성은 식물의 생존뿐만 아니라 대기 중의 산소 수준을 유지하고, 먹이사슬의 기초를 제공하는데 이는 다 빛으로부터 기인한다.

추운 겨울날

문틈으로 들어온 햇살 한 줌

지상에서 가장 따순

이불 한 채[1]

---

1   윤수천의 詩 '햇살 한 줌'

문명 발전의 결과로 전기로부터 나오는 빛은 어둠을 밝혀 밤을 낮같이 만들어준다. 그로 인해 우린 밤에도 필요한 일을 할 수 있고, TV나 컴퓨터, 휴대폰을 통해 다양한 정보를 얻을 수 있다. 추위를 피할수 있도록 따뜻하게 해주는 열도 빛의 일종이다.

과학자들에 의하면 빛은 광자(photon)라는 입자같이 생겼으면서 동시에 소리와 같은 파동처럼 생겼다고 한다. 이 말은 빛은 작은 알갱이 입자이면서 파동이라는 양자적 특성을 지니고 있다는 뜻이다.

빛은 소리와 같이 진동수에 따라 각종 다른 빛이 된다. 평상시 우리 눈에 보이는 빛은 가시광선(visible light)이라고 한다. 우리 눈에 보이는 다양한 색은 가시광선의 진동 때문에 생기고, 가시광선이 많이 진동하면 보라색을 띠고 더 적게 진동하면 붉은색을 띤다.

이처럼 빛이 없으면 색깔도 없으며, 색은 빛에 의해 생기는 현상이다. 사람은 빛 중에서 가시광선이라는 아주 좁은 범위의 빛만 볼 수 있고, 동물 중에는 더 넓은 범위의 빛을 보는 종들이 있다. 고양이는 열(적외선)을 눈으로 볼 수 있다. 우리는 열을 몸으로 느낄 뿐 볼 수는 없는데 동물들은 열을 눈으로 보고 행동한다. 그래서 밤에도 자유롭게 활동할 수 있는 것이다.

우리가 볼 수 없는 빛으로 자외선(UV)과 X선(X-ray), 그리고 감마선(방사선)이 있다. 이 빛은 너무 에너지가 강해 우리 몸을 통과해 지나가거나 우리 몸의 DNA를 변형시킬 수 있다.

빛은 또한 시간을 정지시켜 사진을 만든다. 사진은 어느 한순간을 영원히 간직하고 싶은 인간의 소망을 이루어준다. 사진이 빨리 움직이면 영상이 된다. 영상의 비약적인 발달로 꿈의 공장이라는 영화의 세계가 열렸고, 이제는 가상현실이라는 환상의 세계를 만들어내기에 이르렀다. 모두 다 빛이 하는 일이다.

빛을 매개로 한 예술이 사진이다. 필름 카메라는 렌즈를 통과한 빛이 이미지를 형성하고, 화학적 작용을 통해 필름에 기록된다. 반면 디지털카메라에서는 이미지 센서가 필름을 대신한다. 이미지 센서는 빛을 전기신호로 변환하여 디지털 이미지 데이터를 생성하여 하나의 사진을 만들어낸다.

미세하더라도 빛이 있어야지 빛이 없으면 사진은 만들어지지 않는다. 어느 한순간도 똑같은 빛이 카메라에 담기지 않기 때문에 같은 대상을 수없이 찍어도 똑같은 사진은 나오지 않는다.

월명동 일대엔 셀프 사진관이 여러 개 즐비한 골목이 있다. 젊은 세대들의 놀이문화로 자리 잡은 셀프 사진의 인기 덕분이다. 무인으로 운영되는 이 공간은 전문 사진사가 필요 없이 누구나 편하게 자신만의 스타일로 사진을 찍을 수 있고, 편집과 인화까지 본인이 스스로 한다.

또한 다양한 소품과 의상, 배경이 준비되어 있어 나만의 개성을 창출할 수 있으니 사진은 이제 단지 기록으로 남기는 수단을 넘어 하나의 창조적 문화가 되고 있다. 더구나 AI 기술의 접목으로 다양한 편집을 통해 새로운 이미지와 가상현실을 만들어낸다.

가령 AI와 사진으로 시간을 만드는 작업도 가능한데 어린 시절의 사진으로 노년의 모습을 예상하여 만들기도 한다. 이는 사랑하는 자녀가 어린 시절에 죽었는데 지금 아이가 어른이 되었다면 어떤 모습일지 만나고 싶은 경우에 큰 도움이 될 수 있을 것이다.

또한 암 투병 중인 젊은 여성이 고령의 할머니가 머리가 빠진 자신의 실제 모습을 보고 걱정할까봐 AI로 사진을 만들어 보냈다는 훈훈한 미담도 전해진다. AI로 인해 사진의 무한한 가능성이 넓어지고 있는 것이다.

요즘 MG 세대는 과거처럼 사진을 찍고 찍히는 걸 부끄러워하는 세대가 아니라 나를 표현하고 과시하는 경향이 강하다. 핸드폰 카톡의 프로필만 봐도 다르다. 자신의 모습을 과감히 드러내 놓고 마치 홍보라도 하는 듯 자신의 행적을 파노라마처럼 펼쳐 놓는다.

숨기고 감추는 건 더 이상 미덕이 아니다. 이제는 말이 없고 과묵한 사람이 매력 있는 시대가 아니라 밝고 유머러스하게 자신을 표현하는 사람이 주목받는다. 사진과 접목한 빛의 발달은 미래 세대의 트렌드에 어울리는 새로운 인간형을 만들어내고 있다. 이름을 붙이자면 '포토 사피언스'라고 할까…. 남들 앞에서 당당한 모습은 나 자신에 대한 존중과 사랑의 발현이다.

고양이의 눈동자는 사진기의 조리개와 같다. 빛이 많은 낮에는 세로로 좁아지고, 어두운 밤에는 동그랗게 커진다. 가늘어진 눈동자로 인해 고양이는 한때 수난을 겪었다. 이는 조리개의 구조를 모르는 인간들의 무지의 결과다.

고양이의 눈은 밤이 되면 빛나고 동공의 형태가 변하기 때문에 사람들에게 공포심을 자극하여 당시 유행하던 마녀사냥과 결부시켜 서양 중세부터 18세기에 이르기까지 고양이는 심한 박해를 받았다.

이와 같이 고양이는 악마의 동물이라는 생각은 역사적으로 지속되어 온 편견에 뿌리를 두고 있다. 고양이는 밤에 활동하기 때문에 음침하게 보일 수 있고, 밤에 들리는 아기의 울음 같은 소리나 날카롭게 싸우는 소리는 때론 공포심을 유발할 수 있다. 이런 모습이 때때로 사악한 것으로 여겨졌던 것이다.

골목길에 위치한 '나다 셀프 스튜디오'에는 삼색 고양이 한 마리가 머물고 있다. 가게 입구 계단 밑에 빈 공간을 보금자리로 삼고 가게 주인이 챙겨주는 먹이를 먹고 자유롭게 들락거린다. 다소곳이 포즈를 취한 그녀의 이름은 '나미'….

수줍어하는 나미

히로쓰 가옥

군산의 원도심이란 일제 강점기에 조성된 신도시로 주로 지주, 상인 등 일본인 부유층이 모여 살았던 지역이다. 지금의 월명공원을 중심으로 중앙동, 신흥동, 월명동 일대를 가리킨다.

월명동과 바로 인접한 신흥동 골목에 가면 일본식 2층 목조건물로 된 적산가옥이 하나 보인다. 적산가옥이란 적국 소유의 가옥으로 일본이 2차 대전에서 패망하고 우리 땅에서 철수하면서 정부에 귀속되었다가 일반에 불하된 일본인 소유의 주택을 말한다.

신흥동 일본식 가옥은 '히로쓰 가옥'으로 더 알려져 있고, 히로쓰 가옥이란 명칭은 이곳에서 살았던 일본인 이름을 따서 붙인 것이다. 히로쓰 가옥으로 가는 길에는 관광 기념품과 각종 수제 소품을 파는 가게, 셀프 사진관, 아기자기한 공방들이 있고, 이어지는 붉은 담벼락을 지나 두툼한 나무 문을 열고 들어가면 잘 관리된 일본식 정원이 자리 잡고 있다.

　일본 전통가옥의 특징은 간결함과 자연과의 조화에서 찾는다. 히로쓰 가옥의 건물 형태는 무사 계급이 살았던 전형적인 부케야시키(ぶけやしき) 양식을 따라 목조에 1층에는 온돌방과 부엌, 식당이 있고, 2층엔 다다미방이 있다.
　이 집은 내부의 복도로 여러 공간이 연결되어 있고, 벽이 적고 미닫이문을 만들어 공간을 분리한다. 햇빛이 잘 드는 정원엔 석등과 분재, 바닥 돌이 자연스러운 정취를 자아낸다.

정원에 석등과 나무, 바닥 돌이 보인다.

 히로쓰 가옥은 국가등록 문화재 제183호로 지정되어 있고, 이곳에서 장군의 아들, 타짜 등의 영화가 촬영됐다고 소개되어 있다. 히로쓰 가옥은 해방 후 (구)호남제분의 소유였다가 현재는 군산시 소유로 되어 전시 공간으로 일반에게 공개되고 있다.

일제시대 당시 군산에 살았던 일본인 히로쓰 기치사부로(廣津吉三郎)는 조선에 와서 군산에 거주하며 사업을 하여 큰 부를 이루었다가 일본이 전쟁에 패하자 모든 것을 잃고 일본으로 돌아간 사람이다. 그는 1935년 무렵에 신흥동의 땅을 구입해 3년 만에 이 가옥을 짓고 가족들과 함께 생활하다 10년 후에 일본으로 돌아갔다.

1944년 당시 군산의 인구는 57,589명이었고, 이중 일본인은 8,261명이었으니 전체 인구 거의 5분의 1이 일본인이었던 셈이다.

2차 대전이 끝나고 서양인의 눈에 독특하게 비친 일본인에 대한 연구서로 유명한, 루스 베네딕트가 쓴 '국화와 칼'이 있다. 한 손에는 아름다운 국화, 허리엔 차가운 칼을 차고 있는 일본인의 이중성을 요약한 제목이다.

일본인은 항복을 모른다. 명예를 목숨보다 중요시하는 일본인에게 항복의 치욕은 무의식 속에 깊이 자리 잡고 있어서 전쟁 중 절망적인 상황에 몰렸을 때라도 절대로 항복하지 않고 자살을 택한다. 그렇게 목숨을 내걸고 싸우다가도 패망하고 미군이 일본에 들어왔을 때 언제 그랬냐는 듯 급격히 태도를 바꾸어 유순하고 우호적으로 대한다. 거기엔 천황이 있기 때문이다.

일본이 전쟁에서 패망하고 자기 나라로 돌아가면서 조선 총독 '아베 노부유키'는 100년 후엔 다시 돌아오겠다고 말했다고 한다.

"우리는 패했지만 조선은 승리한 것이 아니다. 장담하건대 조선인이 제정신을 차리고 찬란하고 위대했던 옛 조선의 영광을 되찾으려면 100년이라는 세월이 훨씬 더 걸릴 것이다. 우리 일본은 조선인에게 총과 대포보다 더 무서운 식민교육을 심어 놓았다. 결국 서로 이간질하고 다투며 식민교육의 노예적인 삶을 살 것이다. 그리고 나 아베 노부유키는 다시 돌아온다."

지금 보아도 너무 치욕적인 내용이다. 아직도 일본인들은 잃어버린 명예를 되찾기 위해 호시탐탐 노리고 있는 걸까. 복종에 길들여 있는 사람은 자유를 누릴 수 없다. 혀끝에 나불대는 달콤한 말은 언젠가 칼이 되어 돌아올지 모른다.

"세찬 바람이 한바탕 벚꽃을 휩쓸고 가면 목련이 핀다."

차문불문

제주도에 가면 전통가옥에는 대문이 없다. 다만 '정랑'이라는 명칭의 긴 막대기를 입구에 걸어놓는데 3개가 있으면 주인이 멀리 외출 중이고, 하나도 안 걸려 있으면 주인이 현재 집에 있다는 신호다. 열려 있다는 건 누가 됐든 상대를 믿는다는 의미이고, 선량한 인격체로 대우받는 느낌이 든다. 무인 판매점이 오히려 손실이 적다는 점은 그걸 반증해준다.

군산 월명동에도 항구도시답게 쥐포나 마른오징어 등 건어물을 파는 무인점포가 있고, 부담 없이 저렴한 무인카페도 늘어나고 있다. 믿음은 가장 큰 재산이며, 사람이 평생 안고 가야 할 소중한 가치다.

"이 문은 문이 아니다."

이 말은 한자로 차문불문(此門不門)으로 동국사는 한국 사찰과 달리 일주문과 사천왕문 대신 차문불문이라는 명패의 석주(石柱)를 지나 들어간다. 입구엔 관광안내소가 있고, 입장료는 없으며, 어느 절이나 마찬가지로 들어가는 문은 개방돼 있다.

문기둥에 적힌 차문불문

동국사는 현존하는 국내 유일의 일본식 사찰로 대한불교 조계종 소속으로 2003년 등록문화재 제64호로 지정돼 있다. 산사를 중심으로 짓는 한국의 절과 달리 일제 강점기 당시 일본 사찰은 일본인 거주지 중심으로 도심에 포교를 목적으로 건립되었다.

1909년부터 공사를 시작하여 금강사라는 이름으로 건립되었고, 해방된 후에 조계사가 이를 인수하여 동국사로 이름을 바꾸고 한국의 사찰이 되어 오늘에 이르고 있다.

차문불문은 누구나 드나들 수 있는 문이라는 의미다. 옛날엔 문을 닫지 않고 사는 집이 많았으나 세상이 각박해져 모두가 문을 꼭꼭 잠그고 사는 세상에 아무나 자유롭게 들어올 수 있는 곳은 그리 많지 않다. 아무나 드나들 수 있는 문이었기에 일제 강점기 땐 유곽의 창기들도 동국사로 소풍을 다녔다고 한다. 성경의 요한복음을 보면 예수는 간음하다 잡힌 여인을 두고 "너희 가운데 죄 없는 사람이 먼저 이 여인에게 돌을 던지라."고 일침을 고한다. 죄인일지라도 차별을 두지 않는 자비의 시선이 느껴진다. 종교는 궁극적으로 서로 통하는 데가 있다.

동국사에 들어가면 가장 먼저 눈에 띄는 게 대웅전이다. 정면 5칸, 측면 5칸의 정방형 단층 팔작지붕으로 일본 에도(江戶) 시대 건축양식으로 되어있다. 대웅전을 바라보며 왼쪽 마당에는 종각(鐘閣)이 하나 보이는데 국내 유일의 일본 전통 양식의 종각으로, 1919년 일본 교토(京都)에서 제작한 범종이다.

대웅전

167

한편 종각 옆에는 한국과 일본 간의 비극이 재발하지 않기를 염원하는 상징물이 있다. 하나는 참사문비(懺謝文碑)이고, 또 하나는 평화의 소녀상이다.

종각

참사문비는 제국주의 첨병 역할을 참회하고 용서를 구하는 의미에서 일본 불교 최대 종단인 조동종 스님들이 세웠다. 참사문비 바로 앞에는 한복을 입은 단발머리 차림의 '평화의 소녀상'이 서 있다. 일본군 위안부 피해자들의 인권과 명예 회복을 위해 불교계를 비롯한 종교계, 학계, 경제계, 여성계, 시민단체가 추진위원회를 만들어 광복 70주년인 2015년 8월 12일 건립했다.

소녀상 앞의 연못은 한국과 일본 사이에 있는 대한해협을 상징한다. 소녀상 바로 뒤엔 참사문(懺謝文)을 돌에 음각한 비석 두 개(한국어·일본어)가 서 있다.

일본은 명성황후 시해라는 폭거를 범했으며, 조선을 종속시키려 했고, 결국 한국을 강점함으로써 하나의 국가와 민족을 말살해 버렸는데, 우리 종문은 그 첨병이 되어 한민족의 일본 동화를 획책하고 황민화 정책을 추진하는 담당자가 되었다. (중략) 우리들은 다시 한번 맹세한다. 두 번 다시 같은 잘못을 범하지 않겠다고. 그리고 과거 일본의 억압 때문에 고통을 받은 아시아 사람들에게 깊이 사죄하면서 권력에 편승하여 가해자 입장에서 포교했던 조동종 해외 전도의 과오를 진심으로 사죄하는 바이다.

사랑한다면 용서하라. 하지만 진심 어린 사과가 먼저다.

소녀상 뒤로 참사문비가 있다.

말랭이 마을

밤이 되어 한적한 달동네에 불이 들어오면 마치 도시의 아파트를 보는 것 같다. 하지만 그건 딱딱한 시멘트에 갇힌 인공적인 아파트가 아니라 저마다 독립적인 주소를 지닌 천연 아파트이다. 마당이나 옥상 베란다에서 달과 별을 볼 수 있는 전망이 좋은 아파트, 새가 날아들고 개나 고양이가 자유롭게 드나드는 전원 아파트가 가격 대비 가성비도 높다.

나이 든 어르신이 찾아오지 못하도록 점점 어려워지는 영어식 표기 아파트에 살기 위해 20년 이상을 매달 빚 갚느라 노예처럼 살 필요도 없다. 빚에 나서 빚에 살다 빚에 죽어가는 사람들은 꿈이란 걸 모르고 살아간다.

매일 꿈을 먹고 사는 사람들이 사는 곳, 월명산을 오르는 비탈에 말랭이 마을이 있다. 신흥동은 일제 강점기 때 군산항 개항 이후 일본인들이 많이 거주하였는데 6·25전쟁 이후에 피난민들이 내려와 터를 잡으며 마을이 형성됐다.

말랭이는 산비탈, 산꼭대기, 산봉우리를 의미하는 전라도 사투리로 6·25전쟁 당시 이북에서 군산으로 온 피난민들이 살던 해망동과 신흥동을 부르는 말이 되었다. 자연재해 위험지구 정비사업으로 오랜 집들이 철거되고, 전라북도 대표 관광지 육성 사업으로 예술인 레지던트와 전시관 등 문화 인프라가 조성되어 말랭이 마을로 새로 태어난 곳이다.

이곳에는 추억전시관, 마을 공방, 자유극장, 골목미술관, 동네 책방, 문화복덕방, 아름도예, 1미터 마술, 신흥양조장 등 다양한 볼거리와 체험 공간을 갖추고 여행자들을 맞이하고 있다. 구불구불한 골목길을 올라가면 마을 위로 도로가 있고, 그 길을 따라 월명공원을 오를 수 있고, 반대로 내려가면 배우 김수미 생가가 나온다.

말랭이 마을 입구

말랭이 마을 입구에 들어서면 바로 보이는 곳은 술 양조장이다. 과거엔 꽤 유명한 곳이었으나 지금은 운영하지 않고, 이 건물에서는 전시장 3곳 이상을 관람하고 확인 도장을 받아오면 맛있는 파전을 무료로 제공한다. 대신 주민들이 손수 빚은 걸쭉한 막걸리는 한 주전자에 5천 원을 내고 먹을 수 있다.

언덕을 오르면 담쟁이 벽과 정겨운 돌계단이 나타나고 옛날 우물이 보인다. 끊어진 철로 옆엔 검정 교복을 입은 여학생들이 버스를 기다리고 있는 모습의 벽화가 있고, 그 벽 위에서 개들이 한 방향으로 내려다보고 있다.

담쟁이 벽과 정겨운 돌계단

추억이 서린 펌프와 우물

말랭이 마을에 여기저기 추억거리가 있다는 건 과거와 현재가 연결돼 있다는 의미이다. 유럽의 많은 도시가 그 특유의 매력을 수백 년 전에 만들어진 돌길에 의존하고 있는 것처럼 옛것을 보존하고 가치를 이어 나가는 말랭이 마을은 군산의 색다른 매력이다.

옛날 영화 포스터가 붙어 있는
자유극장

단란한 가족을 그린 벽화

고양이가 그려진 벽화

녹슨 철로

무엇을 내려다보는 걸까…

개들은 버스를 기다리고 있는 여학생들을 훔쳐보는
짓궂은 남학생들 같다.

말랭이 마을 위를 지나는 도로의 벽화

김수미 생가.
마루에는 전원일기의 일용 엄니가 앉아 있고
벽에는 청바지를 붙잡고 있는 고양이의 모습이 앙증맞다.

제3부
사색의 여로

사실 우리에겐 없는 것보다 있는 것이 훨씬 많은데
바로 눈앞의 것만 보느라 생각이 미치지 못한다.

겨울의 기원

 군산은 내륙 도시에 비해 여름은 시원하지만 겨울은 더 차갑다. 아무래도 바다를 끼고 있어 바다에서 불어오는 맞바람으로 인해 더욱 춥게 느껴진다. 그나마 실내에서 일하는 사람들은 괜찮지만 밖에서 일하는 직종의 사람들은 겨울나기가 힘들다.
 숲이나 밖에서 살고 있는 동물들의 겨울은 더욱 잔혹하다. 먹을 것이 귀하고 추위를 피할 만한 곳도 마땅치 않고, 그래서 신은 동물에게 겨울잠을 만들어 놓았는지도 모른다.

 거리를 헤매는 길고양이들도 마찬가지 겨울은 불청객이다. 겨울잠을 자지 않는 고양이들은 겨울이 되면 찬바람을 피할 수 있는 건물 구석이나 정차한 차 밑에 있기도 하고, 간혹 햇빛이 비치는 날엔 밖으로 나와 몸을 녹인다.

다행히 친절한 사람들의 배려로 보온이 되는 임시 거처에서 지내는 행운아도 있다. 하지만 겨울이 지나 새봄이 와도 안 보이는 고양이는 필시 무슨 변고가 생긴 것이다. 다른 구역으로 거처를 옮겨갔다면 몰라도 그렇지 않다면 운명을 달리했을 것이다. 신이 창조한 자연의 법칙 중에 가장 잔인한 것은 모든 생물에게 죽음을 만들어 놓은 것이고, 그 다음은 계절 중에 혹독한 겨울을 덧붙인 것이리라.

인간은 변화무쌍한 자연에 적응하며 많은 스토리를 탄생시켰고, 그리스 신화는 겨울의 기원에 대해 흥미로운 얘기를 전해오고 있다. 그리스 데메테르 여신은 올림푸스 12신 중의 한 명으로 크로노스 신과 레아 여신의 딸로 제우스의 누이동생이자 배우자이다. 그녀는 곡식과 대지의 신으로 페르네세포네라는 16살의 예쁜 딸이 있었는데 너무 아름다워서 모든 신들이 그녀를 아내로 삼고자 탐을 냈다. 지하의 신인 하데스도 그녀에게 반해 제우스 신에게만 알리고 그녀를 납치해 지하 세계로 데려가 버린다.

사실 그녀는 하데스에겐 조카였지만 사랑에 눈이 멀었으니 무슨 상관이랴. 딸이 사라진 걸 알게 된 데메테르는 그 보복으로 대지에 가뭄을 일으켜 곡식과 모든 생명이 시들고 죽어갔다. 그러자 당황한 제우스를 비롯한 여타 신들이 딸을 돌려주라고 하데스를 설득한다. 하데스는 마지못해 페르네세포네를 돌려주겠다고 하고 한 가지 꾀를 낸다. 지하의 음식을 한 조각이라도 먹는 순간 지하에서의 삶을 산 것이 되어 지상으로 돌아가지 못하는 것이 지하 세계의 법칙으로, 이것은 어떤 신이라 하더라도 어길 수 없는 법이었다.

그래서 하데스는 페르네세포네에게 석류 세 알을 주고 지상으로 돌아가는 길에 목이 마를 테니 먹으라고 한다. 순진한 페르네세포네는 냉큼 석류알을 받아먹고 지상으로 돌아간다. 데메테르는 돌아온 딸을 반갑게 맞이하고 혹시 지하 세계에서 먹은 건 없냐고 물어본다. 하지만 딸이 하데스의 꾀에 넘어가 석류알을 먹은 걸 알고는 할 수 없이 데메테르는 하데스를 만나 협상을 한다. 딸이 하데스의 아내가 되는 대신 석류 세 알을 먹었으니 일 년 중 석 달은 지하에서 하데스와 보내고, 나머지 아홉 달은 지상에서 지내기로 약속한다. 그래서 일 년 중 아홉 달은 온화하고 살기 좋은 계절이고, 나머지 석 달은 온 세상이 메마르고 춥다. 그게 겨울이다. 결국 겨울은 여인의 아름다움을 탐내는 신의 욕심으로 생긴 것으로 그로 인해 원망스럽게도 애꿎은 지상의 생물들만 고생하는 셈이다.

북유럽 켈트 신화에는 겨울의 여왕이 등장한다. 겨울의 여왕은 '다누(Danu)'라고 불리는데 다누라는 이름은 신을 나타내는 접두어 다(Da)에 어머니를 의미하는 아누(Anu)가 붙은 것으로 '어머니 신'이라는 의미를 지니고 있다. 다누는 아일랜드의 시조로 숭배되며, 그녀의 시체는 아일랜드의 흙이 되었고, 유방은 칼라니 지방에 있는 쌍둥이 언덕이 되었다고 전해진다.

아일랜드나 스코틀랜드 및 영국에 전해지는 겨울 마녀는 다누와 비슷한 유형이다. 영국 레스타샤 지방의 데인 언덕 동굴에 살고 있는 마녀 블랙 애니스(Black Annis)는 애꾸눈의 기분 나쁜 소리를 내는 노파로 동굴 근처에 숨어 있다가 아이들이 지나가면 잡아먹는다.

스코틀랜드에선 폭풍을 일으켜 배를 침몰시키는 젠틀 애니(Gentle Annie)가 있고, 아일랜드에는 킬로우 바이라(Caill beara)와 캐리 베리(Carry Berry)가 있다. 웨일즈의 전설에 나오는 카스 팔루크(Cath Paluc: 파르의 고양이)는 괴물 고양이로 프랑스 지역에서는 샤팔뤼(Chapulu)라는 이름으로 불린다. 카스 팔루크는 고양이의 모습을 한 요괴로 앵글시 섬에 나타나 피해를 끼치자, 원탁의 기사인 케이가 퇴치했다고 한다.

본래 독일 지역에 전해지던 요괴로 반은 물고기고, 반은 고양이였는데 어느 어부가 이 고양이를 낚아 올렸으며, 이후 영국의 아서왕은 이 고양이에 의해 죽는다.

이 마녀들은 동물들의 수호신이다. 대부분 파란 얼굴의 노파로서 고양이와 같은 날카로운 손톱과 이빨, 또는 고양이 눈동자를 가지고 있고, 그녀들에게 고양이는 성스러운 동물이다. 이들은 대부분 겨울과 관련이 있는데 겨울이 찾아오는 11월에 활동을 시작하고, 지팡이로 두드려서 나뭇잎을 떨어뜨리고, 차가운 바람을 일으켜 겨울을 몰고 온다. 그리고 봄이 오면 사라진다.

다누와 대립되는 신은 봄의 여신 '브리지트(Brigid)'이다. 브리지트는 다누의 자식 중 하나로 겨울의 여왕이 봄의 신을 낳았다는 건 꽤 일리 있는 발상이다. 그래서 겨울이 지나면 봄이 온다.

브리지트는 '높은 자', 또는 '위대한 자'라는 뜻으로 대장간을 관리하는 불의 여신이기도 하다. 또 예언을 가져오는 시와 노래, 치유, 공예도 그녀가 관장하며 양을 성스러운 동물로 취급한다. 스코틀랜드에서는 브리지트가 다누의 후예인 겨울 마녀 칼리아흐 베라(Caileach Bheur)를 추방하여 따뜻함을 가져온다는 이야기가 전해온다.

브리지트는 다누의 태내로부터 태어나 어머니 신을 쫓아내고 봄의 도착은 성스러운 동물인 어린 양이 태어나는 것으로 암시된다. 따라서 2월 1일의 브리지트 축제는 양의 젖소를 뜻하는 오멜크(Oimelc)라고 불린다. 이날은 봄의 첫날에 해당하며, 아일랜드인들은 신과 여신이 결합하는 날이라고 믿는다.

죽음은 끝이 아니라 새로운 생명의 시작이다. 현재의 삶이 겨울같이 삭막하고 힘들지라도 반드시 봄이 온다는 희망이 있다. 실제로 겨울은 태양을 돌고 있는 지구의 자전축 기울기와 공전 경로에서 오겠지만 신화적 상상으로 우리 삶은 낭만과 풍요로 물든다.

겨울이 깊을수록 봄이 더욱 빛난다고 했듯이, 현재 주어진 고통 또한 나를 단련시키려는 신의 뜻으로 생각하면 봄을 맞는 기쁨은 배가될 것이다.

문 밖에서

세상은 문 안과 문 밖으로 나뉜다. 대부분 안은 따뜻하고 안락한 곳이고, 밖은 춥고 불안하다. 또는 그 반대로 안은 갇혀 있고, 밖은 열려 있다는 의미도 있다.

제2차 세계대전이 끝나고 폐허만 남은 독일에서 당시 전후 상황을 암시하는 연극이 세상에 나와 크게 주목을 받는다. 그건 독일 작가 볼프강 보르헤르트(Wolfgang Borchert)의 희곡 '문 밖에서(Draußen vor der Tür)'로 제2차 세계대전이 끝나고 고국으로 귀환한 한 퇴역 병사의 이야기를 다루고 있다.

이 작품엔 열아홉 살 때 나치에 징집되어 3년 동안 동부전선에서 추위와 배고픔, 그리고 군사재판을 두 번이나 받고 감옥살이했던 작가 본인의 체험이 고스란히 녹아 있다.

주인공 '베크만'은 열아홉의 나이에 나치에 징집되어 전쟁에 나가 부상을 당하고 3년 만에 고향으로 돌아온다. 아내를 찾아갔으나 아내는 이미 다른 남자와 살고 있고, 그 충격으로 강물에 빠져 자살하려고 했으나 자살을 만류하는 한 여자를 만나 그녀와 새 삶을 시작하기로 한다.

하지만 몇 달 후 죽은 줄 알았던 그녀의 남편이 목발을 짚고 나타난다. 알고 보니 그는 함께 전선에 있었던 베크만의 부하였다. 베크만은 그로 인해 죄의식과 불면에 시달리다 그녀를 떠나기로 결심하고, 전쟁의 책임을 묻기 위해 옛 상관인 연대장을 찾아간다.
그는 전쟁터에서 부하들을 죽음으로 몰아넣고도 전쟁이 끝난 후에는 호화롭게 살고 있었고, 이에 항의하는 베크만을 꾸짖으며 독일 남자답게 현재의 고난을 이겨내라고 큰소리친다.

연대장은 베크만에게 전쟁의 악몽을 익살로 바꾸어 코미디 배우를 해보라고 권유하고, 베크만은 이를 받아들여 연극 극단을 찾아간다. 그는 자신의 경험을 바탕으로 일인극을 만들어 보이지만 극단 단장은 "진실을 가지고는 성공할 수 없어. 진실은 당신을 비호감으로 만들 뿐이야."라며 퇴짜를 놓는다.
이에 또 좌절한 베크만은 고향의 부모님을 찾아갔지만 나치 시절 유대인 학살에 동참했던 아버지는 이미 어머니와 함께 가스를 틀고 동반 자살을 한 뒤였다.

베크만은 연대장의 명령을 받는 부하이면서 동시에 자신의 부하에게도 명령을 내리는 상관이었다. 즉, 전쟁의 피해자이기도 하면서 가해자이며, 그 죄책감을 덜고 위로받기 위해 아내, 연대장, 극단, 부모님을 찾아갔지만 아무도 전쟁이 가져온 문제에 대해 책임을 지려고 하지 않고, 아무에게도 환영받지 못했으며, 철저히 배척당하고 문 밖에 서 있을 수밖에 없었다. 인간 세상에 무심한 신을 원망하며 차가운 세상을 향해 절규하는 그의 외침은 우리의 가슴을 울린다.

한 사람이 있다. 그는 독일로 돌아온다. 그런데 그는 여전히 추위에 떨고 굶주리고 절뚝거린다. 한 사나이가 독일로 돌아온다. 그는 집에 온다. 그의 침대엔 이미 딴 사람이 들어 있다. 문은 닫히고 그는 밖을 서성거린다. 그런데, 넌, 나보고 더 살아야 한다고 말했지? 왜? 누굴 위해서? 난 죽을 권리도 없어? 나보고 더 피살당하란 말야? 더 살인을 하란 말야? 어디로 가란 말야? 누구와? 무엇을 위해? 도대체 이 세상 어디로 가란 말야? 배반을 당할 뿐이야. 무서운 배반을 당할 뿐이지. 신(神)이라고 하던 노인네는 또 어디 있지? 그는 왜 말이 없어? 대답을 해봐! 왜 아무 말이 없어? 왜 아무도 대답이 없는 거야?

전쟁의 패잔병뿐만 아니라 오늘날에도 여전히 문 밖에 많은 사람들이 도처에 서 있다. 받아주지 않는 전쟁 난민들, 평생 몸 바친 직장에서 어느 날 갑자기 잘린 정리해고자들, 사업이 쫄딱 망해 거리로 내몰린 노숙자들, 전세 사기로 하루아침에 갈 곳이 없어진 세입자들, 하루하루 근근이 살아가기 위해 새벽시장에 서 있는 일당 노동자들, 차

별받는 비정규직 근로자들, 소속 없는 사람들….

이들의 하루는 고달프고 미래는 불안하다. 온실 안에만 있는 사람들은 문 밖에 있는 사람들의 좌절과 고통을 알 리가 없고, 자신의 잣대로만 세상을 바라본다.

중국의 철학자 장자는 역설적으로 문 밖의 자발적인 자유를 권유한다. 어쩔 수 없이 문 밖으로 내몰리는 것이 아니라 자발적으로 밖으로 나가는 자유인, 그들은 기원전 300년경 중국 전국시대에 중앙 유라시아를 유랑하던 유목민들이다. 그들은 예속과 복종을 강요하는 정착 농경 생활을 떠나 자발적으로 유목 생활을 선택한 자유인이었다.

중앙 유라시아는 유라시아 대륙의 중앙 부분, 즉 우랄 알타이어계 언어를 사용하는 사람들이 살던 곳인데 동서로 동유럽에서 동북아시아에 이르고 북극해에서부터 남쪽으로는 카프카스산맥, 힌두쿠시산맥, 파미르고원, 쿤룬산맥, 황하에 이르는 광대한 지역이다.

장자는 기원전 300년경 중국 전국시대에 살았던 철학자로 당시 북방 유목민은 흉노족이 세력을 잡고 있었다. 흉노는 기원전 4세기 말부터 기원후 5세기 중반 오호십육국 시대에 이르기까지 중화권 국가와 대립하며 주로 북아시아 지역의 유목민 집단 및 국가였다.

장자에게는 농업을 기반으로 정착 생활을 하며 국가 권력자의 통치 아래에 있는 중국 내륙인들보다 북방 유목민의 삶이 더욱 자유스럽고 행복해 보였다. 당시 유목민은 초원에서 말, 염소, 양, 당나귀 등을 주로 길렀고, 고기를 주식으로 했으며, 그 가죽으로 옷을 해 입었다.

농사는 짓지 않았으며, 일정한 주거지가 없이 물과 풀을 따라 이동하였다. 평상시에는 목축과 수렵으로 생계를 이었고, 전쟁이 일어나면 부족 전원이 전투에 나섰다.

유목민은 공동체 생활을 기반으로 하여 노예가 없었다. 광활한 초원은 공유지였고, 남녀의 지위와 역할도 정착 주민보다 평등했다. 내륙 국가에서는 한 권력자에게 복종하고, 수탈을 당하고, 이동이 제한되고, 전쟁에 끌려가 죽어갔지만 유목민 집단은 언제든 권력자가 맘에 안 들면 떠날 수 있었던 무정부주의자들이었다.

특정 공간에 매여 있으면 떠나기가 쉽지 않다. 모든 다툼은 가볍게 문을 열고 밖으로 떠나지 못하기 때문에 생긴다. 정착민들은 내 영역과 내 소유를 지키기 위해 끊임없이 서로 반목하고 대립하지만 유목민은 지킬 것이 없기에 평화롭다. 야생마나 늑대처럼 야생의 삶은 척박하지만 자유롭다.

정착보다는 이동을 전제로 살아야 자유롭다. 자유란 도망갈 수 있다는 것이다. 동물은 땅을 소유하지 않는다. 언제든지 떠날 수 있는 자유… 문 밖의 고양이는 우리가 갖지 못하는 것을 가지고 있다.

밤새 이슬을 맞고 노숙하는 고양이들

있음과 없음

　우리는 대부분 있는 것보다 없는 것을 먼저 생각한다. 다른 사람은 멋진 아파트에서 살고 있는데 나는 코딱지만한 집 한 칸도 없고, 남들은 고급 외제차를 몰고 다니는데 나는 소형차도 없고, 반듯한 직장 하나도 없으며, 모아둔 돈도 없고, 애인도 없고, 친구도 없고… 없다는 생각은 계속 꼬리를 물고 괴롭힌다.

　50평 아파트에 살다가 소형 아파트로 이사한 사람들 중엔 삶을 비관하여 아파트 밑으로 떨어져 버리는 이가 있는가 하면, 어떤 이는 좁지만 다시 시작하는 마음으로 견디며 살아간다. 현재 내게 있는 것을 봐야지 이미 없어진 과거의 것만 생각하니까 그런 사태가 벌어진다.

　화살이 시위를 떠나듯 세월은 물처럼 순식간에 흐른다. 거울에 비친 주름살 가득한 얼굴을 보고, 어떤 사람은 중후해진 모습에 싱긋거리는 반면에, 어떤 사람은 젊고 아름다웠던 얼굴은 없고 청춘은 사라졌노라고 한단만 늘어놓는다. 젊을 때는 젊음 그대로, 늙으면 늙은 모습 그대로 다 나름 멋이 있으며, 나라는 존재는 없어지지 않는다.

사실 우리에겐 없는 것보다 있는 것이 훨씬 많은데 바로 눈앞의 것만 보느라 생각이 미치지 못한다. 나를 낳아준 부모님이 계시고, 손과 발이 있고, 가족이 있다. 조금만 주변을 돌아보면 푸른 하늘과 양떼구름, 선선한 바람, 더운 여름날의 나무 그늘, 졸졸졸 흐르는 맑은 개울, 햇빛에 반짝거리는 호수의 표면, 높이 날아가는 새들, 드넓은 바다, 석류처럼 빨갛게 물들어 가는 석양이 있다.

어디 그것뿐인가? 기다리는 사람에게 오는 카톡 소리, 갓 볶은 커피 원두에서 새어 나오는 구수한 냄새, 파도에 밀려 차르르 몽돌 구르는 소리, 나를 바라보는 따뜻한 미소, 책마다 구구절절 넘쳐나는 보석이 있으며, 지금 이 시간에도 주인 없는 광활한 우주가 팽창하고 있다.

사람이든 사물이든 다른 대상과 비교하느라 없다고 느끼는 것이지 세상은 있는 것으로 넘쳐난다. 비교한다는 건 서로 간 우열이나 가치를 전제하고 있다. 있음이 없음보다 낫거나 없음이 있음보다 낫다라는 생각이 없이, 있음과 없음은 같다라고 생각하면 비교가 되지 않는다.

일찍이 중국의 철학자 장자는 "원래부터 없는 것은 없고, 모든 것은 있는 것의 연속일 뿐이다."라고 했다. 칼이 용광로에서 녹아서 낫이 된다고 해서 자체가 없어지는 건 아니고 단지 형태만 바뀐 것이고, 사람도 죽으면 없어지는 것이 아니라 다른 것으로 변화할 뿐 계속 있음은 이어진다는 것이다. 장자는 삶과 죽음, 있음과 없음을 같은 걸로 한 몸으로 본다.

"거대한 대지는 형체를 주어 나를 싣고, 삶을 주어 나를 일하게 하고, 늙음으로 나를 편안하게 하고, 죽음으로 나를 쉬게 한다. 하늘과 땅을 거대한 용광로로 생각하고, 변화의 만듦을 위대한 대장장이로 생각한다면 어디로 간들 좋지 않겠는가! 편하게 잠들고 새롭게 깨어날 뿐이네."

없음이나 무(無)는 머릿속에 떠도는 생각일 뿐 실재적이지 않다. 세계는 있음만 있고 없음은 없다. 우리 마음속에만 '없음'이 자리 잡고 있다. 몸에 병이 들거나 불구가 되어도 그건 몸이 새롭게 생성된 것이고, 죽는다 하여도 없어지는 건 아니고 변화될 뿐 있음은 계속된다.

사소하고 하찮은 것에 연연하여 번뇌에 빠져 사는 세상 사람들에 비해 장자의 사고는 스케일이 다르다. 북쪽 깊은 바다에 사는 곤(鯤)이라는 물고기는 그 크기가 몇 천 리인지 알 수 없을 정도로 거대하다. 이 물고기가 변하여 거대한 새가 되었는데, 이름을 붕(鵬)이라 한다. 붕은 바람이 불면 기운을 모아 힘차게 날아올라 남쪽 깊은 바다로 간다. 곤이라는 거대한 물고기가 변한 거대한 새, 대붕을 타고 자유를 찾아 구만리 남쪽으로 날아가는 장자의 꿈은 우릴 부끄럽게 만든다.

"겨울이면 철새는 따뜻한 곳을 찾아 떼를 지어 날아간다. 광활한 하늘에 변화의 무늬를 수놓는 그들에게 없는 건 없다."

박스 인간

　길을 가다 보면 가끔 폐지를 가득 실은 리어카를 힘겹게 끌고 가는 고령의 노인들을 볼 수 있다. 내가 사는 아파트에도 그런 할아버지 한 분이 있다. 그래서 얼마나 벌까? 난 실례를 무릅쓰고 폐지 줍는 할아버지에게 다가가 리어카에 가득 싣고 가면 어느 정도 받느냐고 물어봤더니 대략 7천 원 정도 받는다고 한다. 하지만 그거라도 없으면 살아갈 수 없으니 하루에 두세 번은 주워 날라야 그나마 생계를 유지할 수 있다고 한다.

　폐지 줍는 노인들 성별을 보면 놀랍게도 여성이 남성보다 조금 더 많고, 이는 여성의 경우 남성에 비해 경제활동이 없거나 적다 보니 빈곤에 빠지는 경우가 많기 때문으로 추정된다. 폐지 수집 노인의 평균 소득은 월 76만 정도이며, 이는 기초연금 등을 모두 합친 수치다. 그나마 폐지를 모아 번 돈으로 손자들 용돈을 주거나 어쩌다 생긴 빚도 조금씩 갚고, 약값하고 생활비 하면 빠듯하다고 한다.

올해 보건복지부가 발표한 '폐지 수집 노인 지방자치단체 전수조사 결과'에 따르면 전국의 폐지 수집 노인은 1만 4,831명으로 집계됐으며, 한 달 평균 76만 원 벌고, 80~84세가 가장 많다. 만약 지금보다 초고령화 사회가 진행되어 폐지 줍는 노인이 수백 배로 늘어난다면 거리가 어떻게 될까. 거리마다 고급 차와 리어카가 뒤엉켜 있는 진풍경을 상상해보면 씁쓸한 웃음이 나온다.

우리나라의 노인 빈곤율은 40.4%로 OECD 회원국 평균의 3배 수준이라니 노인 빈곤이 결코 남 일이 아니다. 버는 돈보다 나가는 돈이 더 많은 요즘, 자식들 뒷바라지하다 정녕 노후 준비를 못하다 보면 최후 보루로 폐지 줍기에 나설 수밖에 없을 것이다.

내가 사는 아파트를 드나드는 할아버지는 1층 현관 계단 밑에 리어카를 항상 두기 때문에 난 집에 있는 박스를 버릴 때 쓰레기 분리수거장까지 가지 않고 리어카에 박스를 놓아둔다. 상부상조라고 해야 할까. 난 덜 걸어서 좋고, 할아버지는 줍는 수고를 덜어서 좋고…

동국사 가는 골목에도 폐지 줍는 할머니 한 분이 있는데 지나치다 보면 더욱 애잔한 생각이 든다. 갸름한 얼굴로 봐선 한때는 꽤 미인이었거나 돈 많은 집의 귀한 사모님이었을지도 모른다. 어떤 기막힌 사연이 있는 걸까.

지난 2022년도엔 종이박스가 아니라 철제박스에 갇힌 사람도 있어 크게 화제가 됐다. 조선소 하청 노동자 한 사람이 하청 처우를 개선하라며 가로·세로·높이 1m 크기의 철제구조물 박스에 들어가 출입구를 스스로 용접해 막고 31일을 버티며 시위하였다. 그 기사와 사진은 많은 사람들에게 충격을 주었다. 오죽했으면 박스 인간이 되었을까. 그 당사자가 되어보지 않고선 그 고통과 슬픔을 알 리가 없을 것이다.

우리는 '자아'라고 하는 박스에 갇혀 살다 보니 오직 나 자신밖에 모른다. 자아를 초월하여 만물이 하나의 생명으로 연결돼 있다고 생각하면 다른 사람도 내 열 손가락 중의 하나이며, 열 손가락 깨물어 안 아픈 손가락이 없다.

다들 한 번뿐인 인생, 최대한 즐기고 행복하게 살자고 하지만 우리 삶이 한 번뿐인 인생이라고 단정 지을 수 있을까. 죽어서 다음 세상이 기다리고 있거나 형태가 바뀌어 다시 태어날 수도 있는 일… 나의 행복만 찾다간 궁극적으로 행복해질 수 없다. 나와 생명을 나눠 가진 모두가 행복해야 그 한 조각인 나도 행복해진다.

할머니가 잠시 리어카를 놓고 비운 사이 고양이 한 마리가 나타나 리어카 앞에 서서 삐져나온 노끈을 냄새 맡으며 비빈다. 동병상련을 느끼는 걸까. 왠지 배치가 잘 어울리는 한 장의 그림 같다. 리어카에 실린 박스에 박힌 '로켓배송'이라는 문구가 유난히 눈에 띈다. 리어카가 하늘로 올라간다면 로켓처럼 빠르게 가겠지. 언젠가 하늘나라에 도착하면 그제야 무거운 짐을 내려놓고 편히 쉬게 될 것이다.

오르지 못하는 벽

얼마 전에 병원에서 혈관 건강에 문제가 있다는 진단을 받고 술 마시는 일을 줄였더니 좋아지는 게 생겼다. 체중이 확 줄었다. 항상 70kg을 넘었는데 이젠 대학생 때 체중과 비슷해졌다. 술을 먹으면 기름진 안주를 먹게 되고, 그러다 보면 배가 나오면서 돌이킬 수 없는 아저씨로 낙인이 찍히고, 어떤 옷을 입어도 맵시가 나지 않는다.

술을 안 먹다 보니 사람들과 만남이 줄어들고, 자연스럽게 커피숍을 자주 찾게 됐다. 분위기 좋은 카페를 검색하는 게 일상이 되었고, 카페 이곳저곳을 전전하며 책을 읽고 노트북을 펼쳐 글을 쓰는 게 내 문화생활의 한 트렌드가 되었다.

월명공원을 오르는 언덕바지에 높은 담으로 둘러싸인 운치 있는 카페도 내 방문 리스트 중의 하나다. 특히 벽을 타고 오르는 푸른 담쟁이덩굴이 있어 시적인 감흥을 불러일으킨다.

벽을 타고 오르는 담쟁이

담쟁이는 처음엔 한두 개만 눈에 띄다가 어느 순간 무리를 지어 벽을 타고 올라간다. 그래서 시인 도종환은 담쟁이의 끈질긴 생명력을 열정적으로 칭송하였다.

저것은 벽

어쩔 수 없는 벽이라고 우리가 느낄 때

그때

담쟁이는 말없이 그 벽을 오른다

물 한 방울 없고

씨앗 한 톨 살아남을 수 없는

저것은 절망의 벽이라고 말할 때

담쟁이는 서두르지 않고 앞으로 나아간다

한 뼘이라도 꼭 여럿이 함께

손을 잡고 올라간다

푸르게 절망을 잡고 놓지 않는다

저것은 넘을 수 없는 벽이라고

고개를 떨구고 있을 때

담쟁이 잎 하나는

담쟁이 잎 수천 개를 이끌고

결국 그 벽을 넘는다

담쟁이 무리는 뭔가 힘없고 약한 자들의 연대와 집단행동을 감성적으로 선동하는 것처럼 보인다. 하지만 우리가 타고난 담쟁이라면 서로 손을 잡고 오르지 못할 벽이 있겠냐마는 인간 세상은 오르기 힘든 벽이 많다.

　우리가 어렸을 땐 개천에서 용이 나온다고 수없이 들었고, 열심히 하면 안 되는 것이 없다고 믿었다. 하지만 요즘은 해도 안 되는 것이 있다는 걸 많은 사람들이 쉽게 수긍하고 받아들인다. 계층 이동을 단숨에 이룰 수 있었던 사법고시도 사라지고, 법관이 되려면 로스쿨에 반드시 가야 하며, 학원가엔 초등 의대 입시반이 성황을 이루고 있다고 하니 과거 신분제도는 사라졌으나 이제 자본은 세상에 오르기 힘든 가장 큰 벽이 되어버렸다. 또한 그 벽들은 서로 굳게 결속하여 아무나 넘어오지 못하게 견고한 성을 쌓고 그들만의 세상을 누린다.

　장자크 루소(Jean-Jacques Rousseau)는 저서「인간 불평등기원론」에서 원시적인 자연 상태가 인류가 가장 행복했던 시대였으나 사람들이 재산을 축적하면서 사회적 불평등이 발생했다고 주장한다. 자연 상태에서는 모든 사람들이 평등했지만 사유재산의 개념이 도입되면서 부유한 자와 가난한 자 사이에 불평등이 생겼다는 것이다. 루소는 사유재산 제도는 사람들 사이에 질투와 경쟁을 일으키고, 자연 상태에서의 자유를 손상시키는 결과를 초래한다고 말한다.

　소득과 자본의 격차는 일차적으로 재능과 노력의 차이에서 나오지만 그것보다 타고난 배경이 성공의 압도적인 결과를 가져온다면 뭔가 조정이 필요하다. 출발선상에서 누구에게나 기회의 평등이 주어지면 오히려 경제성장에 도움을 되고, 사회 구성원들 간의 신뢰도가 높아진다. 소득 수준이 평등할수록 계층 이동성이 높다는 결과도 나와 있다.

어쩌면 불평등은 인간의 숙명처럼 완전히 없어지지 않을지 모른다. 세상은 여전히 함께 나눠 갖자는 주장과 가진 자가 더 독식하자는 주장이 맞서며 수많은 벽은 무너질 줄 모른다. 이젠 더 이상 개천에서 용이 나올 수 없는 것인가. 그런 의미에서 미국 작가 스콧 피츠제럴드의 소설 「위대한 게츠비」는 아메리칸 드림에 대한 우리의 향수를 불러일으킨다.

게츠비는 가난한 농부의 아들로 태어났지만 성공을 꿈꾸는 야심만만한 청년이다. 사회에 첫발을 내디디면서 우연히 백만장자인 댄 코디를 요트 사고의 위험에서 구해주고 그의 선원으로 채용되어 새로운 인생을 살게 된다. 하지만 갑자기 댄 코디가 죽자 궁여지책으로 장교로 입대한다.

그 후 상류층의 여인 데이지를 만나 서로 사랑에 빠졌지만 가난으로 인해 헤어진다. 그 후 게츠비는 군 복무를 마치고 금주령 기간에 불법 밀주사업으로 큰돈을 번다. 게츠비는 바라던 부의 성공은 이루었으나 하나 남은 게 있다면 잃어버린 사랑을 찾는 것이다.

게츠비는 데이지를 잊지 못하고 그녀가 살고 있는 집 건너편에 궁전 같은 대저택을 구입하고 매일 화려한 파티를 열며, 그녀도 파티에 나타나길 기다린다. 그러다 데이지의 친척인 닐의 주선으로 두 사람의 만남은 헤어진 지 5년 만에 다시 이루어진다. 하지만 이미 그녀는 상류층 재력가인 톰과 결혼하여 같이 살고 있고, 남편인 톰은 타고난 바람둥이로 자동차 정비공의 아내 머틀과 바람을 피우는 중이다.

데이지는 화려하게 변신한 게츠비에게 호감을 가지고 자주 만나면서 다시 사랑의 감정이 피어오른다. 둘 사이의 관계를 눈치챈 톰은 게츠비는 주류 밀수업자라고 데이지에게 폭로하고 둘 사이를 떼어 놓으려고 한다. 데이지는 톰과 게츠비 사이에서 마음을 잡지 못하고 혼란에 빠진다. 그러다 게츠비와 데이지, 둘이 함께 차를 타고 가는 도중 톰의 정부인 머틀이 갑자기 차에 뛰어들어 죽는 사고가 일어난다.

운전은 데이지가 했으나 게츠비는 자신이 했다고 모든 죄를 뒤집어쓰려고 한다. 톰은 사고 현장에 도착하여 머틀의 남편인 윌슨에게 사고를 낸 차는 게츠비의 것이라고 말한다. 윌슨은 범인이 게츠비라고 단정 짓고 그를 찾아가 총으로 쏴 죽이고 자신도 자살한다. 게츠비가 죽자 톰과 데이지는 살던 곳을 도망치듯 떠나버리고, 게츠비의 장례식은 가족을 제외하고 찾아오는 손님 없이 쓸쓸하게 치러진다.

갑자기 벼락부자가 된 게츠비와 달리 데이지는 금수저로 태어난 여성이다. 게츠비는 돈만 많으면 상류층이 될 수 있다고 생각했지만 부의 이면에 보이지 않는 가치관과 사고방식의 벽은 한없이 높고 그들만의 세계가 따로 존재한다. 게츠비는 수단과 방법을 가리지 않고 돈을 모아 그걸 통해 가난 때문에 헤어졌던 여자를 다시 차지하려고 했으나 상류사회를 대변하는 데이지와 톰의 내면에 차가운 벽이 있음을 깨닫지 못한다. 하류 출신을 향한 냉정함과 멸시 앞에 게츠비의 꿈과 환상은 허무하게 무너져 버린다.

이 소설의 영향으로 소득 불평등의 영향을 나타내는 경제용어인 '위대한 게츠비 곡선'이 탄생했다. 이는 미국의 경제학자 앨런 크루거가 가난한 농부의 아들로 태어나 부자가 된 청년 게츠비의 이름을 따서 주창한 이론으로 경제적인 불평등과 계층 이동 간의 관계를 보여준다.

위대한 게츠비 곡선은 소득 불평등 수준이 높은 국가에서는 한 사람이 소득 사다리를 올라갈 가능성이 낮다는 것을 보여주고 있고, 역으로 소득분배가 균등한 국가일수록 세대 간 이동성이 높게 나타난다. 높은 수준의 소득 불평등은 소수의 손에 부와 권력이 집중되어 나머지 인구의 상향 이동에 장벽이 될 수 있음을 시사한다.

첼로네시아는 견고한 벽에 둘러싸인 성과 같은 카페이다. 입구에서 공간이용권을 구입해야 안으로 들어갈 수 있으니 여기도 불평등이 존재한다. 안에는 푸른 잔디정원이 펼쳐져 있고, 업무용 공간과 카페형 공간이라는 두 개의 고급스런 건물이 자리 잡고 있다.

첼로네시아 정원

카페형 공간은 피아노가 놓여 있고, 차 마시고 담소하기 좋고, 업무용 공간은 회의나 모임으로 이용하면 좋다고 한다. 사람들이 재벌 드라마를 보며 상류층에 대한 대리 욕망을 꿈꾸듯 여기선 차 한 잔으로 우아함을 누린다.

이곳엔 반전이 하나 숨어 있다. 매력은 종종 사람들의 눈에 잘 띄지 않는 곳에서 빛난다. 눈을 크게 뜨고 건물 지붕 위를 올려다보면 누군가 삐딱한 자세로 걸터앉아 있다. 밑에 있는 인간들이 가소롭다는 듯 내려다보고 있는 그는 아마도 개천에서 자라 꼭대기까지 올라온 게츠비일 것이다.

지붕 위의 게츠비

그림자와 실체

한낮의 햇빛은 그림자를 만들어낸다. 그늘의 고마움을 절실히 느끼게 해주는 계절은 여름이다. 특히 월명호수로 이어지는 둘레길은 나무 그늘이 많고, 바다에서 불어오는 선선한 바람으로 인해 여름에도 걸을 만하다.

지나가는 사람을 통해 어디선가 귀에 익은 음악이 들려온다. 1960년대 마할리아 잭슨이 부른 Summer time은 아주 오래된 노래지만 재즈풍의 한없이 늘어지는 목소리는 여름다운 느긋함과 여유를 느끼게 해주며 마음을 평온하게 해준다.

Summer time, and the living is easy
Fish is jumping and the cotton is high

사는 것은 편하고, 물고기는 뛰고, 목화는 높이 자란다… 호수 옆 길에 길게 늘어선 나무들은 햇빛을 받아 바닥에 그림자를 드리우고 바람이 불면 그림자는 마치 살아있는 것처럼 살랑 살랑거린다. 마치 현실과 비현실이 경계를 허물고 넘나드는 듯한 어떤 환영을 보는 듯한 느낌이 든다.

하지만 그림자는 그림자일 뿐 나무의 실체는 아니다. 누군가 만약 직접 나무를 보지 않고 그림자만을 본다면 나무들의 실제 모습을 그림자로 생각할 것이다. 우리는 평소 접하는 가짜 뉴스처럼 실체가 아닌 그림자를 보고 그게 진실이라고 믿고 헛다리 짚다가 낭패를 보는 일이 허다하다. 그래서 일찍이 그리스의 철학자 플라톤은 동굴의 비유를 들어 실체가 없는 진실의 허망함을 경계했다.

어두운 동굴 안에 갇혀 평생을 그 안에서 사는 사람들이 있다. 그들은 몸이 사슬에 묶여 움직일 수 없고, 뒤를 돌아볼 수도 없으며, 뒤에서 비추는 횃불에 의해 벽에 생긴 물체의 그림자만 보고 그것이 현실의 전부라고 생각한다. 그들은 동굴에서 밖으로 나가 본 적이 없으므로 실제 물체가 어떤 것인지, 외부 세계가 어떻게 생겼는지에 대한 개념을 갖지 못하고 있는 것이다. 그러다 한 사람이 동굴을 벗어나 밖으로 나가 진짜 세계를 경험한다.

이 사람은 처음에 주위가 너무 밝고 눈이 부셔서 사물을 분간하기 어려웠지만 차츰 사물의 실체를 파악하고, 햇빛으로 인한 그림자의 현상과 자연현상의 흐름을 이해한다. 그리고 동굴로 돌아가 사람들에게 자기가 경험한 실체에 대해 얘기하지만 그들은 이해하지 못하고 믿지 않는다.

플라톤의 이 비유는 인간이 경험하는 현실에 대한 인식과 지식의 한계를 묘사하는 철학적인 이야기다. 플라톤은 인간이 경험하는 것이 동굴 속에서 보는 그림자와 같다고 생각했다. 변하지 않는 완벽한 실체, 즉 플라톤의 용어로 '이데아'는 동굴 밖 세계에 따로 있다고 주장한다. 따라서 우리가 일상에서 접하는 모든 사물과 현상은 이데아를 모방한 것에 불과하고, 물리적 세계는 변화하는 세계이며, 이 세계는 변화하지 않는 이데아의 불완전한 복사판에 불과하다는 것이다.

우리가 오감으로 접하는 이 세계는 그림자이거나 하나의 꿈일지도 모른다. 사람들은 살랑살랑 춤추는 그림자를 쫓거나 아름다운 꿈에 취해 현실의 고통을 잊기도 한다.

미국의 대표적인 극작가인 테네시 윌리엄스는 '욕망이라는 이름의 전차(a streetcar named desire)'에서 욕망과 환상 속에 사는 전형적인 인물을 보여준다. 여주인공 블랑쉬는 현실 속에 살기보다는 욕망의 포로가 되어 자기 기만으로 왜곡된 삶을 사는 인물이다. 자신의 과거를 숨기고 새로운 남자를 만나 고상하고 우아한 척하며, 허세와 위선으로 행복을 찾으려다 그녀의 환상은 현실적으로 살아가는 동생의 남편인 스탠리에 의해 물거품처럼 깨져 버린다.

사실 그녀는 고등학교 영어 교사였으나 나이 어린 남자와 결혼하고, 남편이 자살하자 정신적으로 방황한다. 그 후 학교에서 제자와 성관계를 가지다 들통나 학교에서 쫓겨난 상태였다. 그녀는 자신의 환상이 깨지는 게 두려워 항상 희미한 불빛을 유지하고, 환한 불빛에 노출되는 것에 극도로 민감한 반응을 보인다. 그녀는 자기 환상이 없이는 살아갈 수 없는 병리적 상태의 인간으로 결국엔 정신병원으로 이송된다.

"세상은 진실만으로 살 수 없고 어느 정도 환상이 필요하다."

거품의 세계

　초원사진관 사거리에서 월명산 방향으로 조금만 가면 수제 비누를 파는 가게가 있다. 거기엔 말순이가 살고 있다. 원래 길고양이였으나 배고플 때만 나타나다가 이젠 아예 가게에 눌러붙어 산다고 한다. 말순이는 가게 주인이 붙여준 이름이며, 한때 동네에서 가장 예쁜 아가씨였다고 한다. 지금은 세월이 흘러 나이를 많이 먹었지만 아직도 온전히 마음을 주지 않고 거리를 둔다고 하니 미인은 영원히 튕기는 법이다.
　미인의 옆에는 항상 비누가 있다. 비누는 거품을 일으킨다. 어린아이들이 기구로 비눗방울 거품을 불면 공중에 떠올라 영롱한 빛을 머금고 날아다닌다. 잡으려고 손을 대보면 금세 터지고, 잡으면 또 터지는 비눗방울은 평범한 일상을 색다르게 만들어 환상의 고리를 열게 한다.

수제 비누 가게

손에 물 한 방울 안 묻히고 사는 완벽한 말순이.

거품은 기포(氣泡)와 포말(泡沫)로 이루어져 있다. 물이 공기를 머금고 부풀어서 생긴 투명한 덩어리가 거품이고, 녹으면 아무것도 남지 않지만 겉보기에는 풍성하다. 액체 내부에서 공기가 발생하면 액체보다 밀도가 낮아 액체 위로 떠오른다. 이 과정에서 가능한 많은 공간을 차지하려고 동그랗게 되는 공기 방울이 '기포'이다. 기포는 영어로 버블(Bubble)이다. 포말(Foam)은 기포가 액체 표면에 모여서 얇은 액체막을 형성한 상태를 말한다. 얇은 막이라 조금만 건드려도 터져버린다.

거품의 세계는 무궁무진하다. 식품, 음료, 술, 세제, 생물, 인간의 신체뿐만 아니라 우주에도 거품이 존재한다. 빵에는 밀가루 반죽을 이스트에 의해 발효시켜 만들어낸 이산화탄소 거품 덩어리가 있고, 맥주에도 기본적으로 거품이 있다. 안에 녹아든 탄산과도 관련이 있어서 김빠진 맥주는 거품이 잘 생기지 않는다.

우리 몸은 거품을 통해 건강 상태를 예측하기도 한다. 가령 오줌에 거품이 많이 나오면 신장에 이상이 있고, 입 안이 건조해지면 침에 거품이 많이 생기고 끈적해진다.

세제에서 일어나는 거품은 주방세제와 세탁용 세제에 따라 다르다. 세탁용 세제는 거품이 세척력에 방해가 되지만 주방세제나 샴푸는 기름기를 빼는 데 도움이 되기 때문에 거품이 매우 중요하다. 비누나 샴푸에는 거품을 내기 위해 계면활성제(界面活性劑, surfactant)가 꼭 들어간다. 계면활성제는 성질이 다른 두 물질이 맞닿은 경계면에서 두 물질과 달라붙어 물질의 표면장력을 약하게 하여 두 물질이 잘

섞이게 하는 성질을 갖고 있다.

    비누의 경우, 동물성 지방에서 나온 포화지방산 함량이 높은 유지로 만든 비누는 단단하고 거품이 많이 발생하며 보습성은 떨어진다. 한때 코로나 감염으로 손 씻기가 매우 중요해졌는데 손 씻기의 핵심은 비누 거품을 많이 내는 것이다. 거품을 내지 않는 것은 씻지 않는 것과 같으니 거품을 내서 30초 이상 씻는 게 중요하다. 또한 물을 매우 싫어하는 고양이를 목욕시킬 때 거품이 많이 나는 세제를 쓰면 훨씬 수월하다.

    신화의 세계에도 거품이 중요한 역할을 한다. 미의 여신인 아프로디테(Aphrodite)는 크로노스(Cronus)가 아버지 우라노스(Uranus)를 물리치기 위해 그의 생식기를 잘라 바다에 던져 버렸을 때 그 주변에 모인 거품에서 생겨났다고 한다. 아프로디테의 이름은 거품을 뜻하는 고대 그리스어 아프로스(Aphros)에서 유래한 것으로 신화를 쓴 작가들의 상상력이 기발하다.

    광활한 우주에도 거품이 존재한다. 현대물리학에서 우주의 기원과 구조를 설명하는 이론 중 아인슈타인의 상대성 이론과 양자역학은 쌍벽을 이룬다. 일반 상대성 이론에 의하면 공간은 단단하고 고정된 상자 같은 것이 아니라 전자기장처럼 역동적인 것이다. 우주는 움직이는 거대한 연체동물 같아서 늘려지고 비틀어져 있어서 시공간이 일정하지 않고 변화한다. 양자역학은 시공간이 양자, 즉 섬세한 입자 구조로 되어 있다고 주장한다. 이에 더하여 거품 이론은 우주의 기원과 구조를 다른 시각에서 접근한다.

　거품 이론에 의하면 시공간 자체는 거품으로 이루어져 있다. 시공간은 일정하게 연속적인 공간이 아니라 특정한 패턴과 구조를 가진 거품들이 모여 형성된 구조이다. 시간과 공간은 불변하고 고정적인 것이 아니라 입자들의 운동과 충돌에 따라 거품처럼 생성된다.
　거품은 고밀도의 지역에서 형성되며, 시간이 지남에 따라 팽창하거나 축소될 수 있다. 이 과정에서 거품들은 서로 충돌하거나 합쳐지면서 새로운 형태의 거품을 만들어내며, 이러한 과정이 우주의 전체 구조를 결정한다.

　사랑의 여신 아프로디테가 거품에서 태어났듯이 우리도 변화무쌍한 우주에서 부풀어 오른 거품의 후예일지도 모른다. 우린 지구가 워낙 크기 때문에 돌고 있다는 걸 느끼지 못한다. 시간이 장소에 따라 다르게 흐른다는 것도 모른다. 바다를 보고 있으면 푸른 수평선만 눈에 들어올 뿐 찰나의 잔물결 속에서 수많은 입자가 서로 충돌하며 보글보글 거품을 만들어내는 걸 보지 못한다. 거시적 세계에 놓여 있는 우린 눈 뜬 장님이다.
　거품이 부정적인 의미로 쓰이는 경우는 '거품경제'에 있다. 거품경제 또는 버블경제(Econonomic bubble)란 시장에 자산이 전반적으로 과도하게 공급되거나, 혹은 가치의 명목 수치가 실질 가치보다 과도하게 평가 절상되어 있는 상태로, 이와 관련해 발생한 경제적 부가가치의 상실 현상을 뜻하는 용어이다. 버블 유형에는 부동산 버블과 주식

버블 그리고 실물자산 버블이 있다.

근대 유럽에선 튤립버블과 영국의 남해버블, 프랑스의 미시시피 버블이 3대 버블로 꼽힌다. 네덜란드 하면 풍차와 아름다운 튤립이 떠오르지만 튤립으로 인해 쓰라린 과거가 있다. 튤립은 본래 튀르키가 원산지인데 16세기 후반에 네덜란드에 들어와서 1630년대는 큰 인기를 끌었고, 부유층의 커다란 관심사였다.

당시 튤립 구근은 매우 높은 가격으로 팔렸으며, 미래 어느 시점에 특정한 가격으로 매매한다는 일종의 선물계약으로 거래됐다. 자본가는 물론 돈이 없는 사람들까지 너도나도 거래에 참여하여 가격은 하늘 높이 치솟았다. 그러나 1637년 튤립 구근의 가격이 폭락하자 거품은 빠르게 붕괴되었고, 어음은 부도났고, 채무 불이행자가 수천 명에 달했다. 거래 계약은 무효화됐고, 수많은 파산자를 남긴 채 튤립파동은 끝이 났다.

가까운 나라 일본의 버블경제는 1980년대 후반부터 1990년 초까지 발생했다. 1980년대 일본은 고도의 기술력으로 '메이드 인 재팬'이 전 세계를 휩쓸어 미국 다음의 경제 대국으로 성장하여 가장 잘 사는 나라 중 하나였는데 이 기간 동안 일본의 주식과 부동산 가격은 과도하게 상승했으며, 버블이 붕괴되면서 장기적인 경기침체를 겪는다.

1980년대 중반 일본 정부는 미국의 압력으로 인한 엔화 가치 상승에 대응하기 위해 저금리와 금융규제 완화정책을 시행했는데 이는 부동산과 주식에 대한 대출을 증가시켰고, 자산 가격 상승을 도와 버블을 촉진했다. 자산 가격 상승은 소비와 투자 증가로 이어져 경제 전반의 몰락을 초래했던 것이다.

경제뿐만 아니라 우리 개인의 삶 또한 거품이 가득하다. 분수에 맞지 않은 사치와 허영, 미래를 생각하지 않고 순간만을 즐기는 사람들, 거짓으로 포장된 실체는 언젠가 부끄러운 민낯으로 드러난다. 거품이 없는 삶을 생각하면 2023년에 개봉한 일본 영화 '퍼펙트 데이즈(perfect days)'가 떠오른다.

퍼펙트 데이즈는 도쿄의 공중화장실 청소부인 평범한 중년 남성 히라야마의 이야기다. 이 영화의 주인공은 1996년 영화 '셀 위 댄스'에 출연했던 '야큐쇼 코지'로 우리에게도 낯익은 배우다.

독신으로 사는 히라야마는 아침에 일어나면 세수를 하고 화초에 물을 주는 것으로 하루를 시작한다. 작업복으로 갈아입고 시계와 자동차 열쇠, 동전 몇 개를 챙긴 뒤 집을 나와서 자판기에서 음료수를 빼서 마시고 차를 탄다. 출근길을 운전하며 카세트테이프를 넣고 흘러간 팝송을 듣는다. 하루 일과로 할당된 화장실을 돌며 메뉴얼대로 청소를 한다. 그것도 정말 열심히 구석구석 진심을 다해 청소한다. 청소하다 여자들이 들어오면 잠시 자리를 피해주고 기다린다. 새소리를 듣다가 햇빛을 받아 벽에 아른거리는 나뭇잎의 그림자를 보고 미소 짓는다.

점심 땐 가까운 공원에 가서 벤치에 앉아 빵과 우유를 마시며 필름 카메라로 나무를 찍는다. 큰 나무 밑에 있는 작은 묘목을 파서 신문지에 싸서 가지고 간다. 일을 마치고 집에 오면 가지고 온 묘목을 화분에 옮겨 심는다. 그리고 목욕탕에 갔다 와서 지하상가에 있는 단골식당에 가서 저녁을 먹는다. 집에 돌아오면 다다미방에 이불을 깔고 엎드리거나 누워서 책을 읽는다. 그리고 잠이 오면 잔다.

히라야마의 하루는 거의 매일 똑같은 일상의 반복이 이어진다. 하루는 같이 일하는 젊은 친구의 여자 친구가 찾아온다. 차가 없는 그는 애인에게 잘 보이기 위해 히라야마에게 차를 빌려달라고 한다. 세 사람은 같이 차를 타고 가며 얘기를 나누다가 여자 친구는 아르바이트하는 곳에서 내린다.

젊은 친구는 돈 없으면 사랑도 못한다고 한탄을 늘어놓다가 히라야마의 오래된 카세트테이프를 팔자고 한다. 음반 가게에 그걸 팔면 가격이 꽤 나갔으나 히라야마는 파는 건 거부하고 그 대신 젊은 친구에게 데이트 비용으로 돈을 준다.

히라야마는 독신으로 살지만 외로워하는 기색이 없이 자신만의 시간을 즐기며 직업인 청소일을 전혀 부끄럽게 여기지 않는다. 다른 욕심 없이 자기 일에 만족하며, 마치 장인처럼 묵묵히 일을 한다. 그의 하루는 지극히 단조롭지만 항상 평온하며, 테이프에서 흘러나오는 음악처럼 '완벽한 날'의 연속이다.

그는 쉬는 날엔 자전거를 타고 절에 가거나 빨래방에 가서 밀린 세탁을 한다. 단골 사진관에 가서 사진 현상을 맡기고 새 필름을 산다. 집 청소도 하고, 책방에 가서 읽을 책을 구입한다. 저녁엔 동네 선술집에 가서 감자샐러드에 가볍게 술을 마신다. 손님의 기타 반주에 맞춰 주인 여자는 '하우스 오브 더 라이징 선(The house of rising sun)'을 간드러지게 부른다. 낭만적인 밤이다.

어느 날 누나의 딸인 조카가 가출하여 그의 집으로 찾아온다. 조카는 출근하는 그를 따라나서며 청소 일을 돕는다. 조카는 엄마가, 삼촌이 사는 세상은 우리와 완전히 다르다고 말했다고 전하자 히라야마는 이 세상은 여러 다른 색깔로 이루어져 있고, 그중 몇몇은 연결되고, 몇몇은 그렇지 않다고 말한다.

며칠 후 조카를 데리러 가려고 히라야마의 누나가 찾아온다. 누나는 히라야마에게 정말 회장실 청소 일을 하냐고 묻는다. 누나는 딸을 데리고 떠나면서 그를 포옹하며 아쉬움을 남긴다. 히라야마의 가슴은 작은 파문이 일며 그는 자신도 모르게 눈물을 흘린다.

다음날 그는 마음을 달래려고 동네 선술집을 찾아가지만 주인 여자의 전남편이 와 있어 자리를 피해준다. 근처 편의점에서 담배와 맥주를 사고 바닷가에 가서 맥주를 마시는데 그 남자가 찾아온다. 그는 이혼한 지 7년이 됐고, 다른 여자와 재혼했으나 지금은 말기 암에 걸려 있으니 주인 여자를 잘 부탁한다고 말한다. 히라야마는 우린 그런 사이가 아니라고 말하고, 그를 친구처럼 대하고 위로한다.

다음날도 히라야마는 일어나서 출근을 하고 일을 한다. 운전을 하며 카세트테이프를 누르자 니나 시몬(Nina Simone)의 노래 'Feeling good'이 흐른다. 그의 얼굴엔 눈물이 흐르지만 서서히 웃음이 피어난다.

높이 나는 새들아 Birds flying high

너흰 내 기분이 어떤지 알지? You know how I feel

하늘에 떠 있는 태양아 Sun in the sky

넌 내 기분이 어떤지 알지? You know how I feel

불어오는 산들바람아 Breeze drifting on by

넌 내 기분이 어떤지 알지? You know how I feel

새로운 새벽이야 It's a new dawn

새로운 날이야 It's a new day

나를 위한 새로운 인생이야 It's a new life for me

작은 파문이 있었지만 히라야마는 다시 평상심으로 돌아온다. 가끔 슬프기도 하지만 그래도 인생은 즐겁고 희망이 있다. '갖고 있는 건 햇살 가득한 오후뿐(All I've got's this sunny afternoon)'이라는 노래 가사처럼[2] 거품이 없이 알맹이만으로 만족하는 삶은 그 자체로 완벽하다.

---

2 The Kinks의 노래 Sunny Afternoon.

절뚝거리며 오는 신

　천지를 창조한 하나님은 전지전능한 신이다. 그러나 사람들은 그렇게 신이 전지전능하다면 갖은 전쟁이 나서 수많은 사람이 죽어도, 전염병이 창궐하여 많은 목숨이 날아가도, 세상에 각종 불법과 범죄가 날뛰어도 왜 신은 가만히 있는지 불만을 표한다. 좀처럼 신은 인간 세상에 아무런 간섭을 하지 않는 것처럼 보인다. 그런데도 사람들은 신이 왜 완벽하다고 생각하는 걸까?

　고대에는 태양을 신으로 섬기는 부족들이 많았다. 그렇다고 태양이 전지전능하고 완벽한지에 대해선 회의적이다. 태양도 가끔 실수하여 가뭄이 일어나 곡식이 말라 죽고, 산에 불을 일으키며, 폭염으로 사람이 죽는다. 신으로 섬기는 바다 또한 거친 풍랑이나 태풍을 일으켜 사람들의 목숨을 앗아간다. 어쩌면 신의 전지전능함은 완벽하지 못한 인간의 소망과 염원을 반영한 것인지도 모른다.

톨스토이 단편소설 「사랑이 있는 곳에 신이 있다」를 보면 가난한 구두 수선공 마틴에게 신은 여러 가지 모습으로 나타난다. 한없이 착한 마틴은 3살 된 아들을 제외하고 아내와 어린 자식들이 모두 병으로 죽고 만다. 그러다 하나 남은 아들까지 죽게 되자 마틴은 더 이상 삶의 의욕을 잃고 신을 원망하며, 신에 대한 신앙을 완전히 잃어버린다.

그러던 어느 날 이를 안타깝게 지켜본 이웃 사람의 충고를 듣고 그는 다시 성경을 읽기 시작하며 서서히 예전의 모습으로 돌아간다. 하루는 성경을 읽다가 잠깐 잠이 들었는데 어디선가 신의 목소리가 들렸다. 신이 내일 마틴을 직접 찾아온다는 말이었다.

다음날 마틴은 구둣가게에서 창밖을 바라보며 애타게 신을 기다린다. 하지만 신은 오지 않고, 눈을 맞고 청소하는 늙은 청소부와 눈보라 속에서 떨며 아기를 안은 여인, 그리고 늙은 노파에게서 사과를 훔친 소년이 나타난다. 마틴은 이들에게 따뜻한 차와 먹을 것과 옷을 제공하고, 사과를 훔친 소년에겐 사과값을 대신 갚아준다. 그 후론 아무도 나타나지 않자 마틴은 가게 문을 닫고 집으로 돌아간다.

그날 밤 마틴은 성경을 읽다가 잠이 들었는데 그때 어둠 속에서 자신이 낮에 대접했던 늙은 청소부와 아기 안은 여인, 노파와 소년이 나타나 미소를 짓는다. 그리고 신의 목소리가 들린다.

"마틴, 네가 오늘 만난 사람들이 바로 나다. 너는 나를 대접한 것이다."

이렇게 신은 초라하고 보잘것없는 사람의 모습으로 나타나 사랑을 행하는 곳에 자신이 있다는 것을 보여준다.

인간 세상에도 완벽하지 않지만 경애와 숭배의 대상이 된 인물이 있다. 중국 철학자 장자의 문헌 중 「덕충부(德充符)」에는 장애인이 몇몇 등장한다. 그중 춘추전국시대 위(衛)나라에 슬픔을 자아낼 정도로 못생겼다는 뜻의 애태타(哀駘它)라는 추남이 나온다.

애태타는 흉한 몰골은 끔찍했지만 한 번 그와 같이 있어 본 사람들은 그 곁을 떠나지 않으려 했다. 신분이 높은 것도 아니고, 돈이 많은 것도, 지식이 많은 것도 아니고, 음식이나 돈을 베푸는 것도 아닌데 사람들이 따르는 이유는 외모보다 그 내면에 있었다. 그에겐 세상의 온갖 풍파에 흔들리지 않는 고요한 호수 같은 평정심이 있었던 것이다.

장자는 이것을 온전한 덕을 가지고 있으면서도 그것을 드러나게 하지 않는 깊은 내공 때문이라고 한다. 애태타는 삶과 죽음, 성공과 실패, 부귀와 곤궁 등에 마음이 흔들리지 않는 자유인이다. 항상 다른 사람 앞에서 먼저 말을 꺼내지 않고 듣기를 먼저 했으며, 자신을 비우고 다른 사람과 하나가 되고자 하여 그와 함께 있으면 마치 봄날같이 따뜻했으니 누가 그를 좋아하지 않겠는가?

또 한 사람, 춘추전국시대 노나라에 형벌을 받아 한쪽 다리가 절름발이가 된 '왕태'라는 인물이 있다. 그런데 왕태를 따르는 제자의 수가 공자와 거의 같았다고 하고, 이상한 것은 그는 하나도 가르치는 게 없는데 사람들이 빈 마음으로 갔다가 뭔가 가득 채워서 돌아온다는 것이다.

왕태는 절름발이로 외형은 결여돼 있지만 사람들의 매력을 끄는 것은 그의 평온한 마음 때문이다. 덕충부를 보면 공자는 "사람은 흐르는 물을 거울삼지 않고 잔잔하게 가라앉는 물을 거울삼는다. 올바른 본심은 뭇사람의 마음을 사로잡을 수 있다."라는 구절이 있다. 이런 마음을 도가에서는 덕(德)이라고 하는데 덕을 갖춘 사람은 타인을 압도하는 힘이 있는 것이다.

애태타와 왕태는 외형은 일그러져 있지만 내면의 덕을 발휘하여 지대한 존경을 받고, 수많은 추종자가 있었으니 이 또한 신에 가까운 인물이 아니겠는가.

사람은 첫 번째는 눈, 두 번째는 귀에 현혹되기 쉽다. 안토니우스는 클레오파트라의 미모에 빠져 조국을 배신했고, 리어왕은 딸들의 달콤한 말에 넘어가 재산을 다 물려주고 거지 신세가 되었다. 오죽하면 성경에서는 네 눈이 너를 죄짓게 하거든 그 눈을 빼버리라고 했을까.

거리엔 간혹 다리를 다쳐 절름거리며 걸어가는 고양이가 보인다. 고양이들끼리 서로 싸웠거나 차에 부딪혔거나 사람에게 학대를 받았거나… 힘들게 걷는 모습이 애처롭다. 얼마 전 장애인이 시내버스 탑승을 거부당한 일이 발생하자, 이동권을 요구하며 시위를 벌인 장애인단체 대표는 업무방해 혐의로 집행유예 처벌을 받았다.

"어쩌면 신은 하늘에서 구름을 타고 광채에 싸여 오는 게 아니라 우리에게 가장 곤궁한 모습으로 절뚝거리며 오는지도 모른다."

흐르지 않는 시간

　시계가 알려주는 시간은 임의의 표준적인 시간일 뿐 실제로 시간은 장소에 따라 다르게 흐른다. 지구 중력의 영향으로 저지대보다 고지대에서 시간은 더 빨리 흐르고, 같은 나이라도 고지대에 사는 사람이 더 늙어 보인다. 지구를 떠나 우주로 나아가면 공간의 뒤틀림으로 시간은 지구와 다르게 흐른다. 특히 블랙홀 주변으로 갈수록 중력이 강해져 시간의 흐름이 상대적으로 느려지고, 지구에서의 시간보다 훨씬 느리게 흐른다.

　먼 우주를 여행하고 1년 후에 지구로 돌아온다면 같은 또래 친구는 몇십 년 더 늙어 있을지도 모른다. 지구에서 생각하는 '현재'라는 개념은 광활한 우주에선 아무 의미가 없다.

　우린 평소에도 상황에 따라 하루가 1년처럼 느껴지거나 하루가 순식간에 흐르는 것처럼 느껴질 때가 있다. 사랑하는 사람과 함께 있는 꿈결 같은 시간은 쏜살같이 흐르고, 부담스런 사람과 같이 있는 시간은 단 1분도 길다.

하루살이 날파리에게 하루는 인간의 평생에 해당하는 시간이고, 200년을 사는 거북이의 하루는 아침나절에 불과하다. 인간도 최대한 느리게 먹고, 느리게 행동하면 훨씬 오래 살 수 있다. 하지만 인간의 수명은 영생하는 신의 눈엔 티끌보다 더 미미할 뿐이다.

같은 공간이라도 위치에 따라 시간이 다르게 흐른다. 일본 소설 「나미야 잡화점의 기적」을 보면 나미야 잡화점 안과 바깥 세계는 시간이 다르게 흐른다. 밖에서 잡화점 안으로 들어가 문을 닫으면 시간은 과거 30년 전으로 돌아간다. 우연히 폐가처럼 방치된 잡화점 안에 들어온 좀도둑 쇼타, 아쯔야, 고혜이 세 사람은 잡화점 정문 우편함에 놓여진 고민 상담을 하는 편지를 읽는다.

그 잡화점의 주인이었던 할아버지는 동네에 있는 아이들과 어른들의 고민 편지에 답장을 해줬는데 정문 앞 우체통에 고민 상담 편지를 넣어두면 다음날 주인이 답장을 써서 뒷문 우유 상자에 넣어둔다. 하지만 그 할아버지는 이미 죽었고, 집은 폐가가 된 지 오래인데 누가 아직도 거기에 고민 상담 편지를 놓는지 의아스러웠다. 하지만 그들은 이미 고민 상담 편지가 왔고, 이미 그걸 읽어버렸기 때문에 그 편지에 답장을 해주기로 한다. 여기선 과거와 현재가 문 하나를 사이에 두고 공존한다.

우린 가끔 차라리 시간이 멎어버렸으면 좋겠다고 생각한다. 너무 아름다운 풍경을 보거나 사랑하는 사람과 함께하는 황홀한 순간이나 평생에 바라던 일의 성공으로 감격에 젖어 있을 때, 아름다운 분위기의 감흥과 술에 취해 있을 때, 또는 내일이면 떠나보내야 할 사람과 마지막 밤이거나 죽음이 가까운 시한부 환자, 집행일을 하루 앞둔 사형수에겐 시간의 흐름이 야속하기만 하다. 시간이 흐르지 않는다면 더 이상 늙지도 않을 것이며, 불행은 닥쳐오지 않고 행복할 것만 같다.

시간을 뛰어넘어 한 세기 넘게 지난 오늘날에도 깊은 사랑의 울림을 안겨주고 있는 작품이 있다면 그건 「독일인의 사랑」이다. 이 소설은 독일 작가 막스 밀러가 1856년에 쓴 것으로 병약하게 태어나 짧은 생을 살다 간 여인 마리아에 대한 한 남자의 순수한 사랑을 그린 작품이다.

소설의 주인공 남자는 어린 시절에 아버지의 손에 이끌려 같은 마을에 거주하는 후작의 집에 방문하여 마리아를 만난다. 그 후 자주 드나들며 마리아와 다른 후작의 자녀들과 어울려 지낸다. 마리아는 후작의 사별한 전처소생의 딸로 병약하여 늘 누워 지낸다. 마리아는 본인의 생일날 자신이 죽더라도 자기를 기억해 달라며 손에 끼고 있던 반지들을 동생들에게 나누어 준다. 그리고 죽을 때 끼고 가려던 마지막 반지를 남자에게 건네지만 그는 "당신의 것이 나의 것"이라며 반지를 돌려준다.

세월이 흘러 남자는 대학에 가기 위해 마을을 떠나게 되어 둘의 만남은 몇 년간 끊어진다. 그러다 여름방학을 맞아 고향으로 돌아온 남자는 옛 친구를 만나고 싶다는 마리아의 서신을 받고 그녀를 찾아간다. 그때부터 둘은 매일 저녁, 예술과 신학 등에 관해 이야기를 나누며 즐거운 시간을 보낸다.

 그러던 어느 날, 마리아를 돌보는 노년의 의사가 찾아와 마리아는 시골에 있는 성으로 요양을 떠날 테니 다시는 그녀를 방문하지 말라고 한다. 그녀를 만날 수 없게 된 남자는 낙담 끝에 여행을 떠나버린다.
 여행한 지 몇 주가 흘러 남자는 문득 마리아가 곧 죽을 수도 있다는 생각이 들어 다시 그녀를 찾아간다. 다행히 아직 살아있던 그녀는 의사가 자신에게 연심을 품은 나머지 질투 때문에 둘을 갈라놓으려던 것이라고 알려준다. 남자는 무릎을 꿇고 그동안 가슴속에 담아왔던 사랑을 고백한다.

 우리는 가슴과 가슴을 마주하고 포옹했다. 나의 입술이 그녀의 입술에 부드럽게 키스했다. 시간은 우리를 위해 멈추었고, 주위 세계는 모두 사라지고 우리 둘만 남은 듯했다.

 오랜 시간 동안 마음 졸이며 연모하던 사랑이 드디어 이루어졌다고 생각하는 순간, 남자에게 시간은 마치 멈춰버린 것 같은 느낌으로 다가온다. 마리아는 자신도 남자를 사랑하지만 신분의 차이와 현실적인 제약에 대한 고민과 두려움에 빠진다. 마리아가 남자에게 왜 자신을 사랑하냐고 물을 때 남자는 말한다.

"왜냐고? 마리아, 어린아이에게 왜 태어났냐고 물어봐. 들에 핀 꽃에게 왜 피었냐고 물어봐. 태양에게 왜 햇빛을 비추냐고 물어봐. 내가 너를 사랑하는 건 그럴 수밖에 없기 때문이야."

마리아의 입장에서는 신분의 차이와 세상의 이목에 대한 두려움, 그리고 자신은 곧 죽을 목숨이기에 사랑을 받아들이기가 힘들었고, 그래서 이별하는 게 신의 뜻이라고 생각한다. 그런 마리아를 사랑하는 것은 조건 없는, 유불리를 따지지 않는 순수한 사랑이다. 그날 자정이 지난 늦은 시간에 노년의 의사가 찾아와 마리아의 사망 소식과 한 통의 편지를 전해준다. 그리고 죽은 마리아의 어머니는 자신이 사랑했던 사람이고, 당시 둘은 서로 사랑했으나 너무 가난했고, 그러던 중 젊은 후작이 그녀를 좋아한다는 걸 알고 그녀를 후작의 부인으로 만들기 위해 고향을 떠났다고 한다. 그 후 그녀는 후작과 결혼했으나 아이를 낳다가 죽었는데 그 아이가 바로 마리아였고, 그래서 마리아는 자신의 영혼을 이 세상과 이어주는 유일한 존재라고 말한다.

"자네가 할 수 있는 한 사람들을 돕고 사랑하며 살게. 이 세상에서 마리아와 같이 아름다운 영혼을 만나 사랑하다 잃어버렸음을 신께 감사하게."

삶은 감동의 폭풍 속에 시간이 멈춘다. 마리아는 죽었지만 그 영혼은 남자의 가슴에 살아남아 한 방울의 눈물이 바다에 떨어지듯 수백만 타인들을 사랑하도록 이끈다.

천체 물리학이 우주의 시공간에 대한 기존의 관념을 바꿔 놓았듯이 시간은 계속 흐르는 게 아니라 흐르지 않는 시간이 있다는 건 태양이 지구를 도는 게 아니라 지구가 태양을 돈다는 코페르니쿠스 발견처럼 놀라운 일이다. 천체 물리학의 도움을 받지 않더라도 우리는 몸소 느낀다. 삶엔 흐르지 않는 시간이 있다.

두 세계

포 논 블론즈(4 Non Blondes)의 노래 'What's Up'은 가수들의 독특한 음색과 개성으로 한동안 큰 반향을 일으킨 곡이다. What's Up은 미국 샌프란시스코 출신의 4인조 여성 록밴드 '포 논 블론즈(Non Blondes)'가 1992년에 발표한 노래로, 이 곡은 '포 논 블론즈'를 세계적인 스타덤에 올려놓았다.

가수 4명 모두 레즈비언이었던 이 그룹은 남자들 위주로 돌아가는 세상에 대한 저항으로 개혁이 필요하다며 아주 큰 소리로 "What's Going On"을 외친다.

"세상이 도대체 왜 이런 거야!"

하지만 그 노래가 나온 지 32년이 지난 오늘, 세상은 여전히 크게 바뀌지 않고, 사람들은 각자 자기가 속한 세계에 안주하며 정체돼 있다.

영화 '퐁네프의 연인들'에서 강한 인상을 안겨주었던 프랑스를 대표하는 여배우 줄리에트 비노슈는 최근에 영화 '두 세계 사이에서'에 출연하여 또 한 번의 큰 주목을 받았다. 그녀는 여전히 지적이며, 사려 깊은 이미지로 독특한 매력을 유지하며 팬들의 사랑을 받고 있다.

비노슈는 '퐁네프의 연인들'에서 파리 세느강의 퐁네프 다리에서 거리를 방황하는 여자 '미셸'로 나온다. 미셸은 원래 부유한 집안의 화가였지만 시력을 잃어가자 사랑하는 남자와 이별하고 자포자기 상태로 주저앉는다. 그러다 폐쇄된 퐁네프 다리에서 우연히 노숙자 '알렉스'를 만나 아무런 조건 없이 서로를 사랑한다. 절망적인 상태의 밑바닥에 처했다고 생각하는 미셸은 알렉스와 동류의식을 느끼고 그를 동정하고 의지한다.

서로 머리를 기대고 어루만지고 껴안는 모습은 마치 소꿉놀이를 하는 어린아이들 같고, 그들의 사랑은 절망의 몸짓이 빚어내는 애절한 음악처럼 느껴진다. 특히 프랑스 혁명을 기념하는 불꽃놀이가 밤하늘을 수놓는 날, 두 사람이 요한 슈트라우스 음악에 맞춰 왈츠를 추는 장면은 이 세상 모든 꽃망울이 한꺼번에 터지는 것처럼 아름답고 황홀하다. 아무것도 가진 게 없을 때 오히려 치열하게 서로를 사랑할 수 있는 것이다.

하지만 어느 날 눈을 고칠 수 있는 신약이 발견됐다는 소식을 접한 미셸은 마치 꿈에서 깨어난 듯 자신의 세계를 자각하고 "알렉스, 널 진심으로 사랑한 적은 없어. 날 잊어줘."라는 글을 남기고 떠나버린다. 부유하고 지적인 화가와 입으로 불을 뿜는 '불쇼'를 하며 겨우 살아가는 노숙자는 서로 다른 세계에 속한 존재였다.

알렉스는 신약을 알리는 포스터를 발견하고 미셸이 보게 될까봐 벽에 불을 지른 혐의로 3년을 교도소에서 복역한다. 그 후 알렉스가 출소하는 날, 시력을 회복한 미셸은 크리스마스 이브에 그를 만나러 간다. 다시 퐁네프 다리 위에서 알렉스를 만난 미셸은 그를 모델로 그림을 그리고 같이 축배를 든다. 그리고 미셸이 집으로 돌아가려고 한 순간 알렉스는 그녀를 끌어안고 세느강으로 떨어진다.

그런데 하늘의 뜻이었을까, 이들은 지나가는 배에 구조되고 배의 앞머리에 서로 몸을 기대고 미지의 세계로 떠난다. 어디로 가는 걸까? 서로 다른 세계에 사는 두 사람은 이제 하나가 되는 걸까….

비노슈는 또 다른 영화 '두 세계 사이에서'는 유명한 작가 '마리안'으로 나온다. 비노슈는 이제 어느덧 나이가 60세에 가깝지만 카리스마는 여전하다. 마리안은 노동자들의 고용불안에 대한 글을 쓰기 위해 작가의 신분을 숨기고 노동 현장에 뛰어든다.

마리안은 직업소개소에 구직 신청을 하고 프랑스 한 항구도시로 이주하여 여객선 청소부로 취업하고 같이 일하는 여성 청소원들과 교류한다. 그리고 항구에 잠시 정박하는 여객선 객실을 정해진 시간 내에 잠시 쉴 틈도 없이 청소를 끝내야 하는 강도 높은 작업에 참여한다.

마리안은 그들 중 20대의 여성 '마릴루'와 아이 셋을 키우는 싱글맘 '크리스텔'과 가깝게 지내며 우정을 쌓아간다. 특히 크리스텔은 마리안의 차로 같이 출퇴근하며 둘은 서로 더욱 친해진다. 크리스텔은 마리안을 비슷한 처지의 동료로서 동질감을 느끼지만 마리안의 본질은 숨길 수 없다.

마리안은 퇴근하고 같이 차를 타고 가다 나무들이 서로 이야기하는 것 같다고 비현실적인 이야기를 하고, 갑자기 해변에 차를 멈추고는 옷을 벗어 던지고 수영을 한다. 빨리 집에 가서 아이를 돌보아야 하는 크리스텔 입장에선 어이가 없다. 그저 멍하니 바라만 볼 뿐, 그녀는 먹고살기에 급급하여 자유로운 시간이 주어져도 여유를 부릴 마음이 없다.

글을 쓰기 위해 두 세계 사이에 끼여 관찰자로서 청소부를 하는 것과 막다른 골목에서 생계를 위해 어쩔 수 없이 하는 것과는 천지 차이다. 작가는 언제라도 자기 세계로 돌아갈 수 있지만 청소부가 본업인 사람은 현재 하는 일이 바로 끝자락이다. 서로의 차이와 이질감이 드러날 수밖에 없으며, 마리안에겐 자신을 더 이상 숨길 수 없는 순간이 다가온다.

어느 날 선박 청소를 하던 마리안과 크리스텔 그리고 마릴루 3명은 일을 마치고 나오다 마릴루가 옷을 두고 나온 바람에 다시 배에 들어갔다가 출항한 배에서 나오지 못한다. 셋은 아무도 없는 1등급 객실에 들어가 샴페인과 마카롱을 마시며 맘껏 호사를 누린다. 그러다 담배를 피우러 갑판으로 간 마리안과 크리스텔은 상류층으로 보이는 마리안의 지인을 우연히 만나게 된다. 그가 마리안에게 청소 노동자에 관한 글을 쓰고 있냐고 묻게 됨으로써 마리안의 신분이 드러난다. 크리스텔은 그동안의 모든 관계가 거짓이었다고 생각하고 크게 분노한다.

시간이 지나 마리안의 책이 출간되고 출판기념회가 열린다. 같이 일했던 청소원들도 참석하여 마리안을 축하해주지만 크리스텔은 그 자리에 가지 않는다. 여러 사람들과 축하의 인사를 나누다 마리안은 밖에 서 있는 마릴루를 발견한다. 그리고 마릴루와 함께 크리스텔이 있는 항구로 향한다.

크리스텔은 마리안에게 담배를 권하고 같이 청소할 수 있느냐고 묻는다. 하지만 마리안은 모두 사양한다. 둘은 이제 서로 다른 세계에 속해 있다는 걸 다시 확인한 셈이다. 마리안이 처음부터 자신의 신분을 숨기지 않았다면 둘의 관계는 신뢰 속에 계속 이어졌을지도 모른다. 다른 세계에 속한 사람들은 서로 만나거나 결코 섞어질 수 없는 것인가…

세상은 크게 두 개의 세계로 나뉘어져 있다. 남자와 여자, 가진 자와 없는 자, 사무근로자와 육체노동자, 정규직과 비정규직, 사업주와 고용인, 인간과 동물… 우린 각자 어느 한쪽에 속해 있으며, 다른 세계와 협력하거나 대립하며 살아간다. 하지만 두 세계는 서로 다를 뿐 영혼의 무게는 차이가 없다. 어느 세계가 더 우위에 있거나 고귀하다고 할 수는 없다.

고양이가 꼬리를 치켜세우는 건
다른 세계와 친해지려는 신호이다.

만남은 있되 헤어짐은 없다

　만남이 있으면 헤어짐이 있다고 한다. 시인 한용운은 '님의 침묵'이라는 시에서 만날 때에 미리 떠날 것을 염려하고 경계한다고 했고, 이별은 뜻밖의 일이 되고 떠날 때에 다시 만날 것을 믿는다고 했다.
　콜롬비아 작가 마르케스의 소설「콜레라 시대의 사랑」을 보면 신분의 차이로 사랑하는 여인과 헤어졌으나 무려 51년의 세월을 기다린 끝에 백발의 노년이 되어 다시 만나 마침내 사랑을 이루는 남자가 있다.

　우체국 배달 수습사원인 플로렌티노는 우편물을 배달하러 갔다가 부유한 상인의 딸이자 13세 소녀인 페르미나를 보고 사랑에 빠진다. 그는 고심 끝에 영원한 사랑의 맹세가 담긴 편지를 페르미나에게 건네고, 그 후 두 사람은 2년 넘게 사랑의 편지를 주고받는다.

이를 안 페르미나의 아버지가 둘을 떼어놓기 위해 딸을 강제로 여행 보내지만 두 사람은 전신으로 연락하며 결혼을 약속한다. 하지만 페르미나는 여행에서 돌아온 뒤, 플로렌티노와의 관계가 현실성이 없음을 깨닫고 이별을 고한다.

그 후 파리에서 의학 공부를 마치고 돌아온 28살의 유능한 의사 '후베날 우르비노'는 콜레라 예비 증상이 있던 페르미나를 치료하러 방문했다가 그녀에게 반해 구애를 시작한다.

당시 우르비노는 부유한 가정에 춤과 피아노의 뛰어난 실력으로 여자들이 가장 탐내는 미혼남성으로, 페르미나는 아버지의 설득과 우르비노의 안정된 직업과 부를 보고 그와 결혼한다. 대부분 사람들은 몸과 마음이 이분화되어 있다. 마음은 이상적인 사랑을 찾지만 몸은 편하고 안정된 생활을 원한다. 결혼한 페르미나는 플로렌티노를 잊고 우르비노와 안정된 가정생활을 이어 나간다.

하지만 플로렌티노는 페르미나가 다른 사람과 결혼했으나 그게 끝이라고 생각하지 않는다. 그의 사랑에는 결혼이 장애가 되지 않았다. 그는 페르미나의 남편이 죽을 때까지, 아니 세상이 망할 때까지 그녀를 기다리기로 작정한다.

페르미나도 남편이 죽으면 과부가 될 것이고, 죽은 남편에 대한 죄책감에 사로잡히지 않는 여자가 될 수 있다고 생각한다. 그래서 그는 페르미나가 결혼한 이후에도 독신으로 지내며 수많은 여성과 연애를 하나 단지 육체적인 사랑일 뿐 그의 마음은 항상 페르미나를 향하고 있었다. 그는 작은아버지가 운영하는 해운회사가 들어가 열심히 일을 해 사장의 자리에까지 오른다.

어느덧 세월이 흘러 80세가 된 페르미나의 남편 우르비노는 앵무새를 잡으러 망고나무에 올라갔다가 사다리에서 떨어져 세상을 떠난다. 이제 76세가 된 플로렌티노는 페르미나와 헤어진 뒤 51년 9개월 4일 만에 그녀가 미망인이 된 첫날에 찾아와 다시 한번 그녀에게 사랑을 고백하며 자신이 평생을 그녀에게 충실했다고 말한다.

"페르미나, 반세기가 넘게 이런 기회가 오길 기다리고 있었소. 나는 영원히 당신에게 충실할 것이며, 당신은 영원히 나의 사랑이라는 맹세를 다시 한번 말하기 위해서 말이오."

하지만 페르미나는 무척 당황하며 그를 거부하고 돌려보낸다. 그녀에게 플로렌티노는 지워진 그림자에 불과했고, 늙은 나이에 다시 사랑을 시작한다는 게 가당치 않았다. 하지만 플로렌티노는 계속 페르미나에게 편지를 보내 그녀의 마음을 돌리려고 노력한다. 마침내 페르미나는 그의 원숙함과 희망적인 태도에 서서히 호감을 느낀다. 그렇게 해서 둘은 다시 만나기 시작한다.

플로렌티노는 그녀의 집을 정기적으로 방문하여 친밀한 대화를 이어간다. 그러다 플로렌티노는 카리브 하청회사의 회장 자리에 오르고, 페르미나를 설득하여 함께 선박 여행을 떠난다. 11일간의 여행을 통해 페르미나는 플로렌티노의 끈질긴 사랑의 노력에 마음을 열고 그를 연인으로 받아들인다. 마침내 51년을 기다린 사랑이 이루어진다.

사랑이란 그 무엇을 위한 수단이 아니라 은총의 상태처럼 그 자체가 시작이자 끝이다. 사랑은 시간과 장소를 막론하고 사랑이지만 죽음이 가까이 올수록 그 사랑의 농도는 진해진다. 선박 여행이 끝나는 날, 플로렌티노는 다시 처음부터 여행을 반복하자는 말을 선장에게 건넨다. 그리고 언제까지 이 여행이 계속될 것 같냐는 선장의 물음에 폴로렌티노는 53년 7개월 11일의 낮과 밤 동안 준비해 온 대답을 한다.
"우리 목숨이 다할 때까지…."
죽음이 갈라놓지 않는 한 둘 사이에 이별은 없다.

소설 속에서가 아니라 실생활에서 기적을 이룬 연인이 있다. 계약 결혼으로 유명한 장 폴 사르트르(Jean Paul Sartre)와 시몬 드 보부아르(Simone de Beauvoir)의 사랑이다. 사르트르는 20세기 실존주의 철학을 이끈 프랑스의 지성이며, 시몬은 그에 버금가는 사상가이며, 페미니스트이자 작가였다. 같은 대학에 다녔던 두 사람은 서로의 지성에 끌려 학문적 동료로 만났다가 사랑으로 발전했다. 항상 자유로운 삶을 추구했던 그들은 당시 결혼제도의 형식적인 모든 구속을 배제하고, 상호보완적인 파트너 관계를 중시한 계약 결혼을 맺는다.

서로의 자유에 대해 일체 불가침을 원칙으로 하는 계약 결혼은 서로에 대한 성적인 자유까지도 포함하여 각자 모든 자유를 존중하고 보장한다는 조건으로 성립되었다. 그들은 다른 사람과의 사랑이나 일, 경험, 계획 등 모든 것을 공유하며 모든 걸 솔직하게 말하고 나누기로 약속한다. 두 사람의 결합은 철저히 소유욕을 배제한 사랑으로 당시로는 파격적인 사건이었다.

그들은 실제 결혼 생활 중에 각자 다른 연인을 사귀고, 연인을 집으로 데려와 함께 동거하는 등 평범하지 않은 행각도 있었지만 서로 정신적 교감과 유대는 죽음이 갈라놓을 때까지 계속되었다. 깊은 생각과 원숙한 인격의 소유자가 아니고선 이룰 수 없는 관계이다.

두 사람은 한 공간에서 같이 사는 기간은 얼마 되지 않았지만 사르트르가 세상을 떠날 때까지 소통과 대화를 멈추지 않았고 서로를 사랑했다. 그건 서로가 연인이자 친구이며, 사상의 동료이며 파트너였기에 가능했다.

우리는 항상 이성에 대해 연인이나 결혼을 전제로 한 관계만을 요구하기 때문에 오래 가지 못한다. 학문적, 사상적 동료나 친구로도 교제할 수 있어야 하는데 그게 끼어들 틈이 없다. 또한 결혼이라는 형식에 너무 많은 의미와 도덕적 굴레를 씌운다. 사랑하는 연인관계 또한 어떠한 경우에도 상대를 구속하지 않는 것인데 사랑이라는 이름의 구속은 얼마나 이율배반적인 감정인가.

현실 생활에서 우린 무수한 만남과 헤어짐을 반복한다. 하지만 서로 원수가 되어 헤어졌으나 자녀 결혼식에 혼주로 다시 만나는 부부도 있다. 이혼은 영원한 끝이 아니라 전 배우자와 다시 만날 기회와 새로운 사람을 만날 수 있는 두 가지 희망의 시작이다. 또한 어제의 적이 오늘은 친구가 되거나 감정의 파도에 휩쓸려 순간 헤어졌다가 세월이 흘러 다시 만나는 연인들도 허다하다.

　굳이 이별을 말로 고할 필요가 있을까. 언젠가 또다시 만날 텐데 극단적인 말과 행동으로 회복할 수 없는 상처를 주는 건 바로 한 치 앞밖에 못 보는 아둔한 짓이다. 보기 싫으면 잠시 안 보면 되고, 화가 나면 잠시 떨어져 있다가 감정이 누그러지면 그때 다시 보면 될 일이다.
　시간이 흐르면 어떤 감정도 무디어진다. 인간관계는 칼로 물 베기에 불과하다. 항상 극단을 보류하고 여운과 희망의 끈을 남겨두면 언젠가 다시 제자리로 돌아온다.

　"만남은 있되 헤어짐은 없다."

2024년 전북 문화관광재단 지역문화예술육성지원사업

작가로 선정되어 이 책을 출판하였습니다.